LIAN GONG
em 18 TERAPIAS

Forjando um corpo saudável
Ginástica Chinesa do Dr. Zhuang Yuen Ming

Maria Lucia Lee

EDITORA PENSAMENTO

Edição — O primeiro número à esquerda indica a edição, ou reedição, desta obra. A primeira dezena à direita indica o ano em que esta edição, ou reedição foi publicada. — Ano

4-5-6-7-8-9-10-11-12 — 04-05-06-07-08-09-10

EDITORA PENSAMENTO-CULTRIX LTDA.
Rua Dr. Mário Vicente, 368 – 04270-000 – São Paulo, SP
Fone: 6166-9000 – Fax: 6166-9008
E-mail: pensamento@cultrix.com.br
http://www.pensamento-cultrix.com.br

Impresso em nossas oficinas gráficas.

Aos meus antepassados e meus pais, de cujo legado sou herdeira.

A Diaulas Riedel, que acreditou neste legado.

in memoriam

Prefácio

Desde 1978, aos 28 anos de idade, decidi me ocupar exclusivamente do trabalho de pesquisa e ensino das artes corporais chinesas e sua filosofia. Estava convencida de que a sabedoria do Extremo Oriente, até então desconhecida para os ocidentais, seria de suma importância para as novas responsabilidades que o "admirável mundo novo" criado pelo avanço tecnológico iria exigir do homem moderno.

Já naquela época, as minhas experiências na prática e ensino dos exercícios terapêuticos e arte marcial interiorizada - Tai Ji Quan - de origem chinesa, me mostravam que através da linguagem do corpo o Ocidente poderia assimilar o espírito do Oriente. A vivência em práticas corporais coletivas me revelou que a comunhão dos homens, independentemente de sua raça ou cultura, se realiza quando estes dançam em uníssono.

Na minha primeira viagem à China, em 1987, tomei contato com a exuberante variedade de práticas corporais acumuladas durante os 5.000 anos de sua cultura. Todos os dias, nas primeiras horas da manhã, pude ver como os chineses colocam em ação a sabedoria de sua filosofia através dos movimentos de seus corpos, nos parques, praças ou qualquer espaço livre disponível. Dentre os milhares de práticas corporais existentes na China, o **Lian Gong em 18 Terapias** chamou a minha atenção pela forma como se apresentou no meu caminho, durante a minha estadia na China. O primeiro encontro com ela ocorreu na etapa inicial da minha viagem, em Beijing, capital chinesa a nordeste da China. Ao visitar a Edições em Línguas Estrangeiras, em busca de livros sobre as artes corporais chinesas, encontrei-me com o Sr. Li Junbao, diretor adjunto da editora. Ao saber que era brasileira, o Sr. Li me solicitou que fizesse uma tradução, para o português, de um livreto de ginástica, do qual já possuíam uma edição em espanhol, que se chamava *Lian Gong em 18 Terapias*. O trabalho de tradução despertou meu interesse por esta prática de execução simples e objetivos terapêuticos. No entanto, o livreto não trazia referências sobre o autor nem os locais onde pudesse ser encontrado, e tampouco, a editora soube me dizer algo a respeito.

Ouvi falar novamente sobre o Lian Gong no Tibet, a sudoeste da China, etapa final de minha viagem. Era lua cheia do dia 22 de julho e eu estava assistindo a uma pomposa cerimônia festiva no monastério de Gaden, nos arredores de Lhasa, capital tibetana. Ao conversar com os integrantes da Companhia de Canto e Dança do Tibet, que acabara de fazer uma apresentação, comentei sobre o ótimo preparo físico do grupo. Um de seus integrantes, de nome Dao Ping, começou a falar de uma ginástica que ele praticava regularmente e que era muito boa para o seu preparo físico e para a saúde: o Lian Gong em 18 Terapias! Surpresa ao ouvir este nome, que me parecia tão familiar, após ter trabalhado na sua tradução, senti que eu tinha algo a ver com esta ginástica. O Sr. Dao pôde me dar as informações que eu não tinha conseguido em Beijing: o criador do Lian Gong era um médico que vivia em Shangai, a sudeste da China. Do Tibet, parti em direção a Shangai, em busca do Dr. Zhuang e do Lian Gong em 18 Terapias. Não foi difícil encontrá-los, pois Shangai é o reduto do Lian Gong e o Dr. Zhuang uma figura muito conhecida e querida por todos.

Aprendi a praticar os exercícios, e ao partir de Shangai de volta ao Brasil, o Dr. Zhuang me forneceu um livro e uma fita K-7 com a música que acompanha a prática do Lian Gong, dizendo que eu poderia divulgar esta técnica no Brasil.

Desde então, nunca deixei de praticar e ensinar o Lian Gong em 18 Terapias. Hoje, passados 10 anos, ele está conquistando o público brasileiro e se revela como uma alternativa fisioterápica de grande valor, prevenindo e tratando de síndromes músculo-esqueléticas que tanto têm afligido as pessoas nesta última década de 90. E por ser de execução simples e prazerosa, o Lian Gong em 18 Terapias incentiva os brasileiros a incorporarem a sua prática no cotidiano, trazendo uma melhora na qualidade de vida de seus praticantes.

A publicação deste livro visa tornar o Lian Gong em 18 Terapias mais acessível e difundi-lo para que seja de domínio público. O livro não substitui a presença de um professor competente, mas é um recurso valioso para a aprendizagem do Lian Gong.

Estrutura do Livro

O livro inicia-se com o prefácio do Dr. Zhuang e os itens "Origem e Desenvolvimento" e as "Oito Características Básicas Para a Prática do Lian Gong", escritas pelo próprio Dr. Zhuang, nos quais fiz uma adaptação explicando e organizando certas frases de forma a tornar inteligível princípios e conceitos que são inquestionáveis para os chineses, porém desconhecidos para o ocidental. A parte central do livro é o item 4, que contém a descrição dos exercícios do Lian Gong. Introduzi versos do Dao De Jing do sábio chinês Lao Zi, dando uma ilustração filosófica à prática. Achei também necessário esclarecer certos conceitos básicos da medicina tradicional chinesa e das práticas corporais, que adicionei como item 5. O item final traz a Referência Bibliográfica.

Elaboração do Livro

Os desenhos dos movimentos foram elaborados a partir de fotos. O fotógrafo Gil Grossi registrou postura por postura os 36 exercícios do Lian Gong em 18 Terapias, executados pelos professores Jaime Kuk e Mariana Muniz. As fotos foram digitalizadas e a arquiteta e artista plástica Júlia Kuk, tomando-as como base, desenhou cada movimento a traço. De posse de todos esses desenhos e textos, o arquiteto e designer gráfico Sergio Pantalena elaborou e executou o projeto gráfico, dando a forma final do livro.

Os esquemas anatômicos que ilustram a introdução à 1ª, 2ª e 3ª séries e o esquema da junta sinovial do cotovelo da 4ª série, foram retirados do livro *Rolfing, A Integração das Estruturas Humanas,* de Ida P. Rolf, editado pela Livraria Martins Fontes Editora Ltda. Os desenhos da 4ª e 5ª séries foram elaborados por Júlia Kuk e os desenhos da introdução à 6ª série foram retirados do livro *Fundamentals of Traditional Chinese Medicine*, editado pela Foreign Languages Press de Beijing-China. O desenho do Deus da Longevidade foi elaborado por Lee Man Tse Kuk e os ideogramas por Judy Shen Lee.

Agradecimentos

Agradeço o apoio da FAEP (Fundo de Apoio ao Ensino e Pesquisa) - UNICAMP, cuja liberação de uma verba na linha de pesquisa possibilitou a realização das sessões fotográficas. À Livraria Martins Fontes Editora Ltda., que cedeu os direitos autorais dos desenhos de esquemas anatômicos do livro *Rolfing, a Integração das Estruturas Humanas.* À Regina Seragini, pelo apoio constante e prestativo na digitação e outros trabalhos operacionais, e ao arquiteto Luiz Trigo por facilitar a utilização de equipamentos de seu escritório de arquitetura. A Lee Man Tse Kuk, pela elaboração do desenho do Deus da Longevidade, a Judy Shen Lee pela elaboração dos ideogramas, ao Sr. Chow Chin Chien por me esclarecer o significado de conceitos das práticas corporais chinesas, e a Marisa Losasso e Mariana Muniz pela assessoria nos textos que introduzem as séries.

Considero este livro uma realização coletiva de um grupo grande de pessoas, que tenho o prazer de representar. Agradeço aos professores da VIA 5 - Oriente/Ocidente, Arte e Cultura, a Associação Brasileira de Lian Gong em 18 Terapias - Vida em Harmonia e aos alunos e amigos que me auxiliaram na elaboração deste livro.

Nota

Adotamos, na presente edição a romanização dos termos chineses através do sistema conhecido como *pinyin*. Esse sistema é a transcrição oficial da República Popular da China, foi criado em 1958 e tem sido largamente adotado na imprensa ocidental.

Maria Lucia Lee
São Paulo, 1997

Sumário

O *Lian Gong em 18 Terapias* é uma técnica que une medicina terapêutica e cultura física [(1)]. Consiste de um conjunto de exercícios que visam a prevenção e o tratamento de dores no pescoço, ombros, cintura, pernas e também doenças crônicas.

Esta técnica foi por mim projetada, fruto de constantes pesquisas das heranças culturais - a Medicina Tradicional Chinesa, antigos exercícios terapêuticos e as artes guerreiras tradicionais *(Wu Shu)* [(2)] - e a reflexão sobre os resultados de sua aplicação no campo terapêutico, ao longo de mais de 40 anos de prática clínica.

Durante a minha longa práxis de tratar das causas e sintomas de dores no corpo e doenças crônicas, fui constantemente criando e aperfeiçoando técnicas de massagem e manobras manuais, adicionando a elas os conhecimentos da moderna medicina atual. Sintetizando todas estas vivências, transformei-as em exercícios, os quais projetei passo a passo para serem realizados pelo próprio paciente.

Nestes 23 anos em que esta técnica foi difundida para a sociedade, recebeu uma ampla e calorosa acolhida, sendo apreciada e praticada não só pelo povo chinês, como também em outros países, como: Japão, Indonésia, Malásia, Hong-Kong, EUA, Canadá e Brasil.

Recebeu os prêmios de *"Progresso Científico"* e *"Pesquisa com Resultados Relevantes"* concedidos pelo Governo do Estado de Shangai.

Esta repercussão conseguida pelo *Lian Gong em 18 Terapias* comprova a sua eficácia nos objetivos a que se propõe.

A edição de um livro sobre o "Lian Gong em 18 Terapias" no Brasil, apresentando e divulgando as suas possibilidades preventivas e terapêuticas, é um acontecimento significativo.

Desejo, de todo coração, que o *Lian Gong em 18 Terapias* seja amplamente difundido em todo o território brasileiro, trazendo benefícios para a saúde e bem-estar da população, e que se torne um bom amigo da saúde do povo brasileiro.

Zhuang Yuen Ming
República Popular da China, Shangai, 1997

Dr. Zhuang (ao centro) apresenta o Lian Gong em 18 Terapias a médicos do Hospital Dong Chang Road de Shangai, China.

(1) Cultura física significa, para os chineses, o fortalecimento harmonioso do corpo, permitindo o pleno funcionamento e utilização dos músculos, tendões e ossos, diferente da idéia no Ocidente, de cultura física como aumento da massa muscular e modelagem física.

(2) As artes guerreiras tradicionais, denominadas Wu Shu, não se referem meramente a técnicas de luta. O ideograma Wu é formado por:

武	術
Wu guerreira	**Shu** arte

止	戈
Parar	**Arma**

O que indica que esta arte visa o desenvolvimento da estratégia e do poder pessoal, isto é, vencer a batalha sem necessidade de utilizar armas ou mesmo fazer com que o oponente deponha as suas.

A fundação da civilização chinesa se deu no período de 2852 a.C. a 2400 a.C. , quando governaram os três imperadores lendários:

FU XI - criador do casamento, descobridor da polaridade *yin-yang* e os 8 trigramas.
SHEN NUN - incentivador da agricultura, domesticação de animais e fitoterapia.
HUANG DI - inventor da bússola, da medicina e dos ritos (exercícios, movimentos, danças).

Nesta era lendária se estabeleceu a base sobre a qual se edificaria a longeva civilização chinesa, cujos princípios influenciam e direcionam o povo chinês até hoje. Um destes princípios é o de considerar a vida como o bem de mais valia e a longevidade como expressão máxima de sabedoria. A longevidade foi louvada e cantada por poetas e sábios como Zhuan Zi, famoso filósofo que viveu durante o período dos Reinos Beligerantes (entre 403 a.C. e 227 a.C.), que escreveu:

"Soprar e aspirar, expelindo o velho e assimilando do novo, para tornar-se forte como um urso, vivo como um pássaro e atingir a longevidade".

A imagem do santo da longevidade (Lao Sou Xin), um ancião sorridente que segura em suas mãos um cajado e um pêssego, é muito popular, freqüentemente encontrada nas casas dos chineses em forma de estatueta, pintura ou bordados.
A busca da longevidade e de realizar plenamente a vida que lhe foi concedida pelos céus fez com que o povo chinês sobrevivesse a 5.000 mil anos de guerras, invasões, catástrofes de ordem natural e fome. Contaram com a ajuda misericordiosa de inúmeros santos, sábios e médicos, que ao longo da história chinesa criaram, desenvolveram e ensinaram práticas que tinham por finalidade fortalecer a mente, o corpo e as emoções. Acumularam-se milhares de exercícios, movimentos, danças e artes guerreiras de todos os tipos, atendendo à miríade de finalidades e necessidades, os quais são praticados até hoje por toda a China pelas manhãs ou no final do dia.

Atualmente estas práticas são consideradas patrimônio nacional, pois garantem a manutenção de um padrão de saúde para o povo chinês, que corresponde a 22% da população da terra, ou seja, 1.150 bilhão de habitantes.

Lou Sou Xin (deus da longevidade)

Apesar da diversificação, todas as práticas têm um princípio em comum, o *dao-in*, que significa a indução da circulação do *qi* [(1)] e do sangue. Originalmente, praticar o *dao-in* consistia em:

"Chacoalhar os músculos e os ossos para movimentar as articulações e mobilizar o qi e o sangue , fazendo-os fluir."

O *dao-in* consiste de uma ginástica terapêutica muito antiga. No livro *Huang-Di nei jing*, cânone de medicina do Extremo Oriente, cuja autoria é atribuída ao legendário imperador Huang-Di (Imperador Amarelo), o *dao-in* é citado em uma de suas passagens da seguinte forma:

"O solo do distrito central é raso e úmido; assim, as doenças que nele ocorrem são: debilidade, cãibras, gripes e febres. O tratamento indicado é o Dao-In e o Tuei-Na [(2)]."

Em 1973, nas escavações realizadas na tumba nº 3 da época da Dinastia Han (Antigo Império, 206 a.C. a 220 d.C.) em Ma Wang Dui, Changsha, China, foram encontrados livros de medicina que continham peças de seda com desenhos de mais de 40 posturas de *dao-in*. Até agora são estas as ilustrações de *dao-in* mais antigas de toda a história chinesa.
No fim da dinastia Han, o famoso médico chinês Hua Tuo (141-208), tendo como princípio o dao-in, elaborou o famoso "Jogo dos 5 Animais", uma série de exercícios terapêuticos baseados nos

movimentos do veado, do urso, do tigre, do macaco e da garça, visando a prevenção e o tratamento de doenças.

No Médio Império, durante a dinastia Suei (581-617) e Tang (618-907), o *dao-in* foi oficialmente reconhecido como um tipo de tratamento importante e amplamente aplicado à terapêutica médica. A partir desta época surgiram muitos exercícios para o fortalecimento físico derivados do *dao-in*, tais como: *Qi Gong* (206 a.C. a 220 d.C., Antigo Império), *Exercícios para a regeneração dos músculos e tendões* (502 à 549, Médio Império), *Exercícios dos 8 brocados de seda* (1127 a 1279, Novo Império), *Tai Ji Quan* (1227 a 1279, origem lendária, Novo Império), etc.

O Dr. Zhuang, ao criar o *Lian Gong em 18 Terapias*, aplica o valor terapêutico do *dao-in* aos exercícios para o fortalecimento do corpo físico, voltados para as necessidades do homem contemporâneo. Assim, se acrescenta mais um elo nesta corrente que mantém vivo o conhecimento dos santos, sábios e médicos, para ajudar a humanidade

[1] Qi: vide página 116

[1] Tuei-Na: massagem e manobras manuais da Medicina Tradional Chinesa.

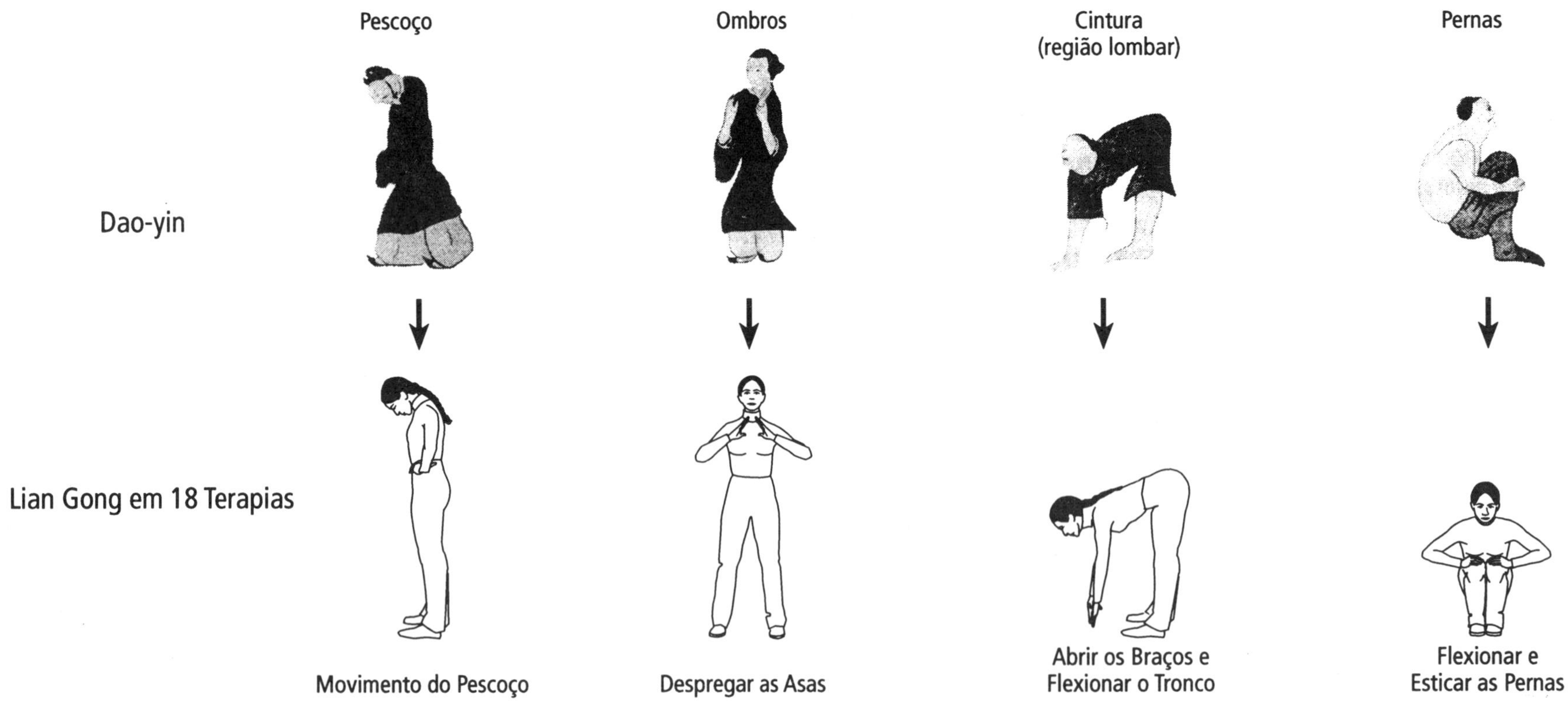

2. Significado do Ideograma Lian Gong

練

Lian

Treinar, exercitar

功

Gong

Trabalho persistente e prolongado que atinge um nível elevado de habilidade

Lian Gong é o trabalho persistente e prolongado de treinar e exercitar o corpo físico (1) com o objetivo de transformá-lo de fraco para forte e de doente para saudável.

Os chineses comparam o treinamento de fortalecer e tornar saudável o corpo com o processo de forjar e refinar um metal:

Neste processo é necessário *"mil marteladas e centenas de refinações"*. No treinamento do *Lian Gong em 18 Terapias*, as marteladas representam a prática diária dos exercícios, e as refinações são as transformações da qualidade do corpo físico, de fraco para forte e de doente para saudável, sob a atuação terapêutica do *zhen-qi* (*qi* verdadeiro) (2).

(1) O corpo físico nos textos clássicos do I Jin Jing (Método de regeneração dos músculos e tendões) inclui pele, músculos, tendões, fáscias e ossos.

(2) Zhen-qi (qi verdadeiro): vide página 116

3.1. Movimentação Global, Objetivo Específico

"O movimento que é transformação pode tornar-se multiplicidade ao mesmo tempo que guarda a sua unidade natural, princípio de toda eficácia, de toda vida".
M. Kaltenmark

Encontra-se um fator comum subjacente às dores no pescoço, ombros, costas, cintura, glúteos e pernas: os tecidos moles nestas regiões têm a sua movimentação obstruída. Nas operações cirúrgicas se observa a presença de contraturas e aderências nos tecidos moles (1) das áreas doloridas e a presença de processos inflamatórios. Sensação de dor e dificuldade de movimentação são as queixas mais freqüentes. O tratamento mais adequado para este tipo de problema é a prática regular de uma movimentação adequada para soltar os músculos, fáscias, tendões e ligamentos, e abrir as articulações.

O *Lian Gong em 18 Terapias* é uma prática corporal especificamente projetada para prevenção e tratamento de dores no corpo. Os exercícios que o compõem foram elaborados de acordo com as características anatômicas e fisiológicas de cada região afetada (pescoço, ombros, costas, região lombar, glúteos e pernas), porém considerando-os dentro do organismo como um todo. Assim, cada exercício, com a sua movimentação global coordenada e harmoniosa, age na melhora de uma patologia localizada, com a participação de todo o corpo. Esta objetividade, dentro de uma ação global, confere à prática resultados rápidos e eficazes e faz com que cada exercício tenha uma indicação terapêutica específica e seus próprios requisitos para uma execução correta.

Portanto, distinto de outras práticas coletivas realizadas na China, como os *Exercícios por Radiodifusão* (2) e o *Tai Ji Quan* (3), o *Lian Gong em 18 Terapias* é uma prática individualizada, profilática e terapêutica, que além de atuar globalmente no organismo tem objetivos claramente definidos. O paciente pode selecionar os exercícios que mais lhe convenham ou executar todas as séries de acordo com a região e o grau de severidade do sintoma. Por exemplo, para casos de síndromes cervicais e periartrite da articulação dos ombros, podem-se selecionar exercícios pertencentes à 1ª série; um paciente com dores lombares e nas costas pode escolher os exercícios da 2ª série; e outro com tendinite pode optar por exercícios da 5ª série. Também se pode enfatizar um movimento, repetindo-o mais vezes dentro da prática geral, visando a melhora de uma patologia local, logrando, além disso, a recuperação das atividades funcionais do organismo como um todo, fortalecendo o corpo.

(1) Tecidos moles: são todas as estruturas moles e flexíveis do corpo, o que exclui os ossos e cartilagens.
(2) Exercícios por Radiodifusão: ginástica orientada pela rádio.
(3) Tai Ji Quan: arte marcial interiorizada e técnica de longa vida.

3.2. Mobilizar o Nei Jing (1) (Força Interna) e obter a percepção sensorial do Qi (2) (Sopro Vital)

Na visão da medicina tradicional chinesa, os 4 membros, os ossos, as 6 vísceras e os 5 órgãos (3) do corpo humano são nutridos pelo *qi* e pelo sangue que, circulando pelo sistema dos meridianos, mantêm as atividades normais do organismo. Nos tratados dessa medicina se diz que:

"O qi é o comandante do sangue, o seu movimento faz o sangue circular, o seu retardo leva o sangue a se estagnar."

Os fatores que influenciam no surgimento de dores no corpo podem ser os externos, como: vento, frio, umidade e secura; e internos como: emoções negativas (raiva, preocupação, tristeza, medo, euforia), além de má utilização do corpo em posturas inadequadas, sedentarismo, esforço excessivo ou lesões. Estes fatores provocam o *"retardamento do qi e a estagnação do sangue"*, que produz fenômenos como espasmos, aderências e contratura dos tecidos moles, encurtamento dos músculos, ligamentos e tendões, que resultam em dores e dificuldade de movimentação.

A prática do *Lian Gong em 18 Terapias* enfatiza a mobilização do nei jing pondo em prática o princípio das artes corporais chinesas que diz:

"Que a intenção [4] lidere o qi, que este dê origem ao nei jing e que o nei jing alcance os 4 membros."

Os exercícios põem em movimento a função motriz do *zhen-qi* [5] (qi verdadeiro) no organismo humano, e este, ao se mover, ajuda na circulação do sangue, modificando as condições patológicas do *qi* retardado e do sangue estagnado.
O *nei jing* não é visível, pois não é uma força de natureza muscular, mas pode ser sentido.
O que vai comprovar se o praticante conseguiu ou não colocar o *nei jing* em movimento será a presença ou ausência da percepção sensorial como calor, ardume, cansaço ou intumescimento ácido [6] na região trabalhada, ao fazer os exercícios. Conforme o dito da medicina tradicional chinesa:

"Onde chega o qi, chega o efeito."

A obtenção da senso-percepção é indício da presença do *qi* e conseqüentemente do sucesso da prática e a chave para o resultado terapêutico positivo.
A experiência da medicina tradicional chinesa na acupuntura, na acupressão ou exercício individual mostra que é necessário haver a percepção sensorial para que o efeito desejado ocorra. Este é o significado para a ênfase dada ao *nei jing* e à obtenção da percepção sensorial no exercício, dois aspectos importantes na prática do *Lian Gong em 18 Terapias*.

(1) nei jing (força interna): vide página 117
(2) qi (sopro vital): vide página 116
(3) A medicina tradicional chinesa classifica as partes internas do corpo em 5 órgãos (zang): coração, pulmão, fígado, rins e baço; e 6 vísceras (fu): estômago, vesícula biliar, bexiga, intestino delgado, intestino grosso e triplo aquecedor.
(4) Intenção (Yi): vide página 117
(5) zhen qi (qi verdadeiro): vide página 116

(6) Intumescimento ácido é a melhor palavra que encontramos para denominar a "dor azeda" (suan tun) que os chineses usam para explicar a sensação que se tem ao comer algo azedo. Esta sensação pode ocorrer em qualquer região do corpo ao ser trabalhado na acupuntura, acupressura ou nas práticas corporais, indicando a presença do qi e sua atuação terapêutica. Nos exercícios esta sensação é obtida quando, ao se realizar um movimento, o corpo alcança uma postura não habitual, seja ela na sua amplitude, torção, flexão ou inclinação, obtendo com isso uma atuação terapêutica de desbloqueamento do qi e do sangue no local trabalhado.

3.3. A Terapia e o Exercício se ajudam mutuamente

Na medicina tradicional chinesa dá-se muita atenção ao *zhen qi* (*qi* verdadeiro) nas suas terapias. Parte-se do princípio de que quando o *zheng qi* está pleno no interior do corpo humano, os fatores negativos não podem invadir. Com base nesta visão, uma regra importante no tratamento das doenças é a idéia de se "fortalecer o *qi* saudável e eliminar os fatores negativos". O *Lian Gong em 18 Terapias*, através do exercício individual, é um tratamento que segue este princípio, e atinge resultados eficazes na melhora das condições patológicas das dores no pescoço, ombros, cintura e pernas.

No caso do médico optar pela acupressão, acupuntura ou remédios e, paralelamente, ensinar ao seu paciente a prática do *Lian Gong em 18 Terapias*, o *zheng qi* será suficientemente ativado e a recuperação das funções dos órgãos interiores e membros será mais eficaz. As vantagens desse procedimento podem ser sintetizadas da seguinte maneira:

1. Aumento do poder imunológico do corpo.
2. Fortalecimento do físico.
3. Aumento do efeito terapêutico do tratamento médico.
4. Diminuição do tempo de tratamento.
5. Consolidação do efeito terapêutico após o tratamento e prevenção de recaída da doença.
6. Ajuda aos pacientes que têm dificuldades para ir ao médico. (Segundo as análises estatísticas, na China, os pacientes que moram em lugares distantes dos centros de saúde obtêm resultados bastante satisfatórios com a simples prática do *"Lian Gong em 18 Terapias"*.)

A combinação do tratamento médico com a prática do *Lian Gong em 18 Terapias* tem também o efeito, não só de modificar a mentalidade do paciente, que deixa de aceitar passivamente os tratamentos médicos para assumir uma postura de participação ativa e responsável na recuperação de sua própria saúde, como ainda o de mudar a mentalidade de trabalho dos médicos e terapeutas. Desta forma se pode diminuir a afluência de pessoas aos centros de saúde e hospitais, tornando mais leve a carga dos médicos e terapeutas.

Assim, a terapia e o exercício se ajudam mutuamente, potencializando o que há de melhor em cada um.

3.4. Terapia para a doença, profilaxia para a saúde

Como afirma um dito antigo chinês:

> *"Um médico experiente trata a doença antes que apareça,*
> *um médico novato a trata depois que já ocorreu."*

Isto significa que um bom médico, além de se preocupar com o tratamento, deve dar atenção especial à prevenção e ao desenvolvimento das doenças [1]. Alguns médicos antigos chineses, como *Hua Tuo* (141-208) e *Sun Simiao* (618-718), além de clinicar, praticavam e desenvolviam exercícios fáceis e eficazes, os quais ensinavam aos seus pacientes e público em geral, para fazerem em casa, a fim de controlarem os males já existentes e prevenirem os futuros. Com isso, estes médicos eram queridos pelo povo. O Dr. Zhuang pertence a esta nobre linhagem de médicos, e à experiência herdada de seus antecessores juntou a sua própria para elaborar o *Lian Gong em 18 Terapias*.

Dados estatísticos vindos de diferentes partes da China demonstram que muitos trabalhadores, que sofriam de dores no corpo, obtiveram bons resultados terapêuticos com a prática do *Lian Gong em 18 Terapias*. Especialmente os que trabalham em posturas fixas ou sentadas por muito tempo, ao praticarem perseverantemente o *Lian Gong em 18 Terapias* uma ou duas vezes ao dia, passam a sentir seus músculos - antes fatigados - equilibrados e restaurados, e os músculos - pouco usados - ativados, obtendo a harmonia entre movimento e repouso, equilíbrio e coordenação. A vida se baseia no exercício e o espírito na serenidade. A atividade serena leva à prosperidade e a inatividade à incapacidade. Na velhice, a força do corpo declina, o funcionamento dos órgãos interiores e membros decresce. A prática perseverante do *Lian Gong em 18 Terapias* recupera a vitalidade fisiológica, fortalecendo o corpo e retardando a velhice.

(1) Estar atento ao desenvolvimento da doença significa não deixá-la evoluir, pois uma doença que dura, se modifica e se desloca.

3.5. Amplitude e abrangência do movimento dependente das articulações

Um movimento amplo e abrangente do corpo no espaço depende da liberdade de movimentação da articulação. Quanto mais livre é a articulação, maior é a envergadura do movimento, possibilitando um exercício mais intenso dos músculos, tendões e ligamentos atrelados à articulação. Portanto, para se obter resultados eficazes na prevenção de dores no pescoço, ombros, cintura e pernas, deve-se remover os obstáculos que impedem a movimentação livre da articulação: soltar os tecidos moles em volta da articulação, dissolvendo aderências, contraturas e rigidez; modificar os estados patológicos localizados de circulação do sangue e metabolismo; recuperar a movimentação normal da articulação e aumentar a força dos músculos. Para se obter estes resultados, requer-se a realização dos exercícios com movimentos amplos e espaçosos, pois somente assim podem-se atingir os resultados acima especificados. Portanto, ao se praticar o *Lian Gong em 18 Terapias*, deve-se procurar conquistar gradativamente a maior amplitude e abrangência possível do movimento, considerando principalmente seus efeitos preventivos.

3.6. Movimento Lento, Contínuo, Equilibrado e Natural

Uma pessoa que sofre de dores no corpo não tem a liberdade de movimentação de uma pessoa saudável ou de um esportista. Portanto:

1. Deve evitar exercícios de movimentação rápida, forte ou brusca, optando por movimentos lentos, contínuos, equilibrados e naturais, que são os mais adequados.
2. Deve realizar os exercícios lentamente para que os tecidos moles, que sofrem de patologias (contraturas, aderências, espasmos, etc.) possam se relaxar e se soltar gradativamente, permitindo que a movimentação da articulação alcance seu limite máximo.
3. Deve buscar alcançar gradativamente um grau maior de liberdade de movimentação e aumentar a sua amplitude e abrangência, recuperando a utilização normal do corpo.

Praticar os exercícios da forma descrita acima confere consciência ao corpo e evita traumas e outros efeitos indesejáveis que podem ser provocados por movimentos bruscos e rápidos.

3.7. Coordenação Espontânea da Respiração com o Movimento

Nos tempos antigos, inspirar e expirar eram chamados de *tu-na* (soprar e aspirar). Aspirar *(na)* o ar puro e soprar *(tu)* o ar viciado.

Na prática do *Lian Gong*, a coordenação espontânea da respiração com o movimento tem como resultado a melhora na qualidade de saúde do praticante. Os sucessivos movimentos de abrir e fechar, expandir e recolher dos exercícios induzem à participação combinada da respiração.

Deve-se evitar inibir ou prender a respiração, ficando sufocado; a respiração deve ser natural, sem forçar ou conduzir. O praticante deve procurar se utilizar do aumento gradativo da amplitude de movimentação do corpo no espaço, para ir conquistando maior profundidade e duração da respiração (inspiração e expiração) e aumentar a capacidade dos pulmões.

A coordenação da respiração com o movimento no *Lian Gong em 18 Terapias* aumenta a amplitude de movimentação de subida e descida do diafragma, modificando as condições patológicas do sistema respiratório, melhorando a sua função e elevando a sua qualidade. Além disso, a pulsação do ventre e tórax resultante da respiração tem o efeito de massagear os órgãos e vísceras, melhorando a função do sistema digestivo, o metabolismo e as funções respiratórias e circulatórias. Obtém-se, desta forma, o resultado de *"fu zhen-qie xie"* (preservar o *qi* correto e eliminar o *qi* perverso) [1].

[1] qi correto e perverso, vide página 116.

3.8. Exercícios Simples e Fáceis de Executar. Autoprevenção e Terapia

Os exercícios do *Lian Gong em 18 Terapias* são compostos por movimentos simples que podem ser executados passo a passo. Os iniciantes podem fazer a sua prática na medida de sua capacidade física e severidade de sua doença; podem selecionar exercícios com indicação terapêutica específica para sua doença ou mesmo o conjunto completo com todas as séries.

Pode-se praticar o *Lian Gong* em qualquer espaço, sendo que alguns movimentos podem ser feitos na posição sentada (Movimento do Pescoço, Arquear as Mãos, etc.). Estas características a tornam uma ginástica terapêutica bem aceita pelos pacientes e iniciantes em práticas físicas, permitindo que seja popularizada e difundida com facilidade.

Os seus resultados são muito eficazes, pois ao praticar os exercícios ativa-se plenamente o *zhen qi (qi verdadeiro)* modificando o estado patológico das dores localizadas, acelerando a recuperação das funções das articulações e do organismo e elevando o nível de resistência às doenças.

Uma prática regular, com a freqüência de uma ou duas vezes ao dia, para os doentes, fortalece a saúde, consolida e potencializa o efeito terapêutico, encurta o tempo de tratamento e previne recaídas; para os sedentários, equilibra o movimento e repouso, preserva o funcionamento do organismo e do corpo e previne doenças.

Portanto, o *Lian Gong em 18 Terapias* é uma ginástica terapêutica individualizada, não só para o tratamento e prevenção de dores no corpo, como também para a longevidade.

4.1. Padrões Básicos de Separação dos Pés e Postura das Mãos

. Padrões Básicos de Separação dos Pés

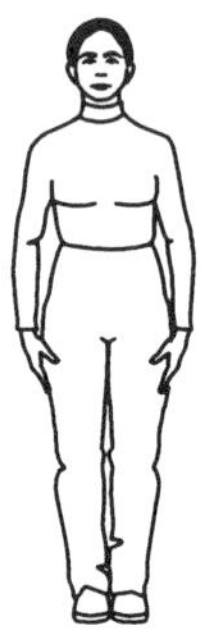
Pés juntos

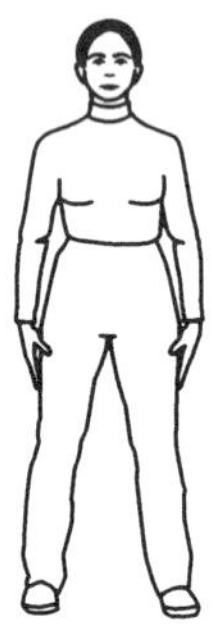
Pés separados na largura dos ombros (abertura pequena)

Pés separados na largura de um ombro e meio (abertura média)

Pés separados na largura de dois ombros (abertura grande)

. Padrões Básicos de Postura das Mãos

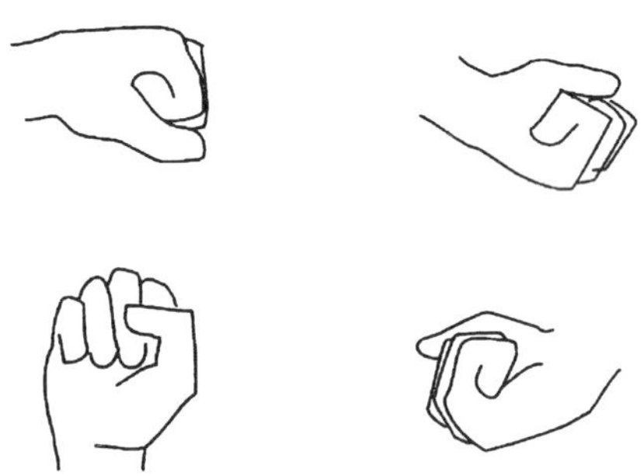
Palmas fechadas em forma de punho

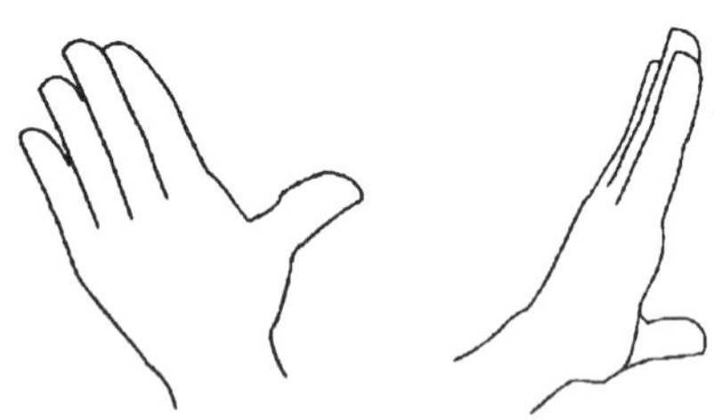
Palmas das mãos estendidas e abertas.
O polegar forma um ângulo de 90° com o indicador.

4.2. Descrição dos Elementos do Fluxograma

Posição Inicial

Postura que marca o início do exercício.

Posição

Postura que marca o início e ou final de um movimento.

Transição

Posturas que ocorrem entre o início e o final de um movimento.

Posição final

Postura que marca o final do exercício.

(1) a (8)

Marca a seqüência de leitura do fluxograma
(Nota: um exercício completo é executado em uma contagem de 8 tempos.)

(1)——→

Linha que une duas Posições.

(1)——

Linha que une uma Posição a uma Transição.

——→

Linha que une uma Transição a uma Posição.

——

Linha que une duas Transições.

"Ao nascer, o Homem é suave e flexível;
Na sua morte, é duro e rígido.
Plantas verdes são tenras e úmidas;
Na sua morte, são murchas e secas.
Um arco rígido não vence o combate.
Uma árvore que não se curva, quebra.
O duro e o rígido tombarão.
O suave e o flexível sobreviverão."

Dao De Jing
verso 76

Introdução

As dores no pescoço e ombros são, na sua maioria, decorrentes de uma tensão generalizada na musculatura dessa região, que resulta em espasmos musculares. Esta condição pode ser provocada por má postura, fadiga, movimento brusco ou fatores emocionais como a ansiedade e a insegurança.

O espasmo muscular se caracteriza por um músculo encurtado, que não consegue se relaxar voluntariamente. Quando o encurtamento vai além do seu limite fisiológico, a contração passa a ser chamada câibra; pode ocorrer também uma distensão do músculo - tensionando nervos, vasos sangüíneos e obstruindo meridianos - resultando em dores. Além disso, nestas condições o fluxo do **qi** (sopro vital) é retardado e a circulação do sangue estagna, podendo provocar dores reflexas em outras regiões do corpo.

As síndromes mais comuns, relacionadas com dores no pescoço e ombros, são as seguintes:

a) Torcicolo

Muitas vezes é resultado de má postura durante o sono ou incidência de corrente de ar na musculatura fraca ou fatigada. Sente-se uma rigidez no pescoço e a cabeça inclina para um dos lados. Qualquer tentativa de movimento provoca ou agrava a dor.

Pode também resultar de torção brusca do pescoço resultante de uma força mal utilizada.

b) Cervicalgia

Tipo de dor que acomete em pessoas sedentárias, que passam longas horas sentadas numa escrivaninha com a cabeça inclinada. A má utilização do pescoço provoca danos na musculatura, nos ligamentos e discos intervertebrais na região da nuca. As dores podem se irradiar para a parte superior do tórax, braços e mãos.

Além disso, resulta em fraqueza muscular nos membros superiores e limitação dos movimentos de flexão, extensão e rotação da cabeça para a esquerda ou direita.

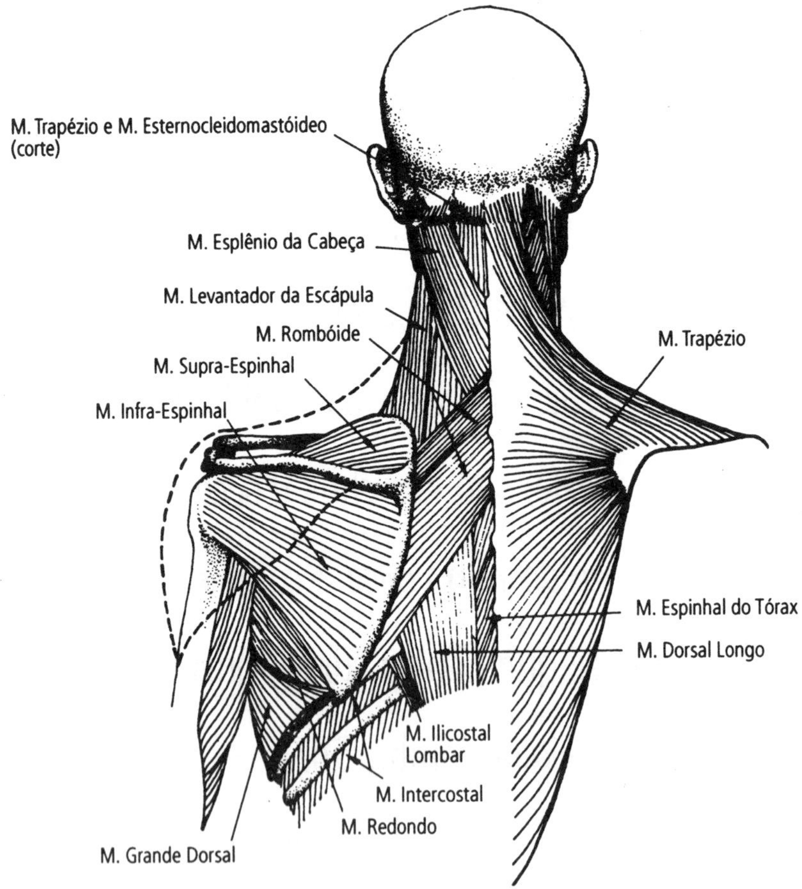

Vista posterior dos músculos do pescoço, ombros e região superior das costas.

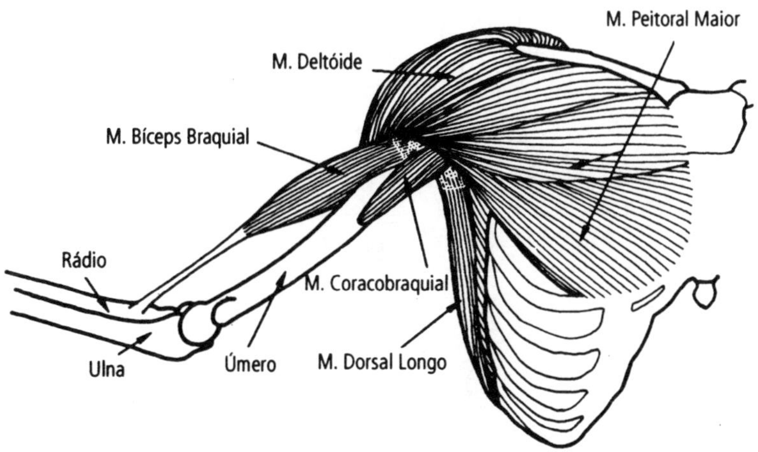

Vista anterior dos músculos que prendem o úmero (parte superior do braço) ao tronco

c) Periartrite na Articulação dos Ombros

Na China é chamada popularmente de *"os ombros dos 50 anos"* ou *"ombros congelados"*, pois geralmente ocorre por volta dos 40-50 anos de idade, sendo mais freqüente nas mulheres do que nos homens.

As principais alterações patológicas podem estar presentes na membrana da cápsula articular e na inflamação asséptica dos tecidos conjuntivos. Nestas condições se manifestará uma dor ao redor do ombro, que pode irradiar para a região lateral do braço e se agrava com o movimento, ou à noite, ao dormir. Há uma limitação nos movimentos da articulação dos ombros, especialmente de abdução, elevação e rotação externa.

Esta série de exercícios é específica para eliminar a causa fundamental das dores no pescoço e ombros. Os seus movimentos foram projetados para induzir a distensão normal dos músculos através de delicadas - porém firmes -trações sobre os mesmos, alongando-os. Movimentando-se a cabeça, o pescoço, ombros e braços nos exercícios desta 1ª série, diminuem-se os espasmos musculares e dissolvem-se as aderências dos tecidos moles, fortalecendo o tônus muscular e restabelecendo a circulação do **qi** e do sangue.

Movimento do Pescoço

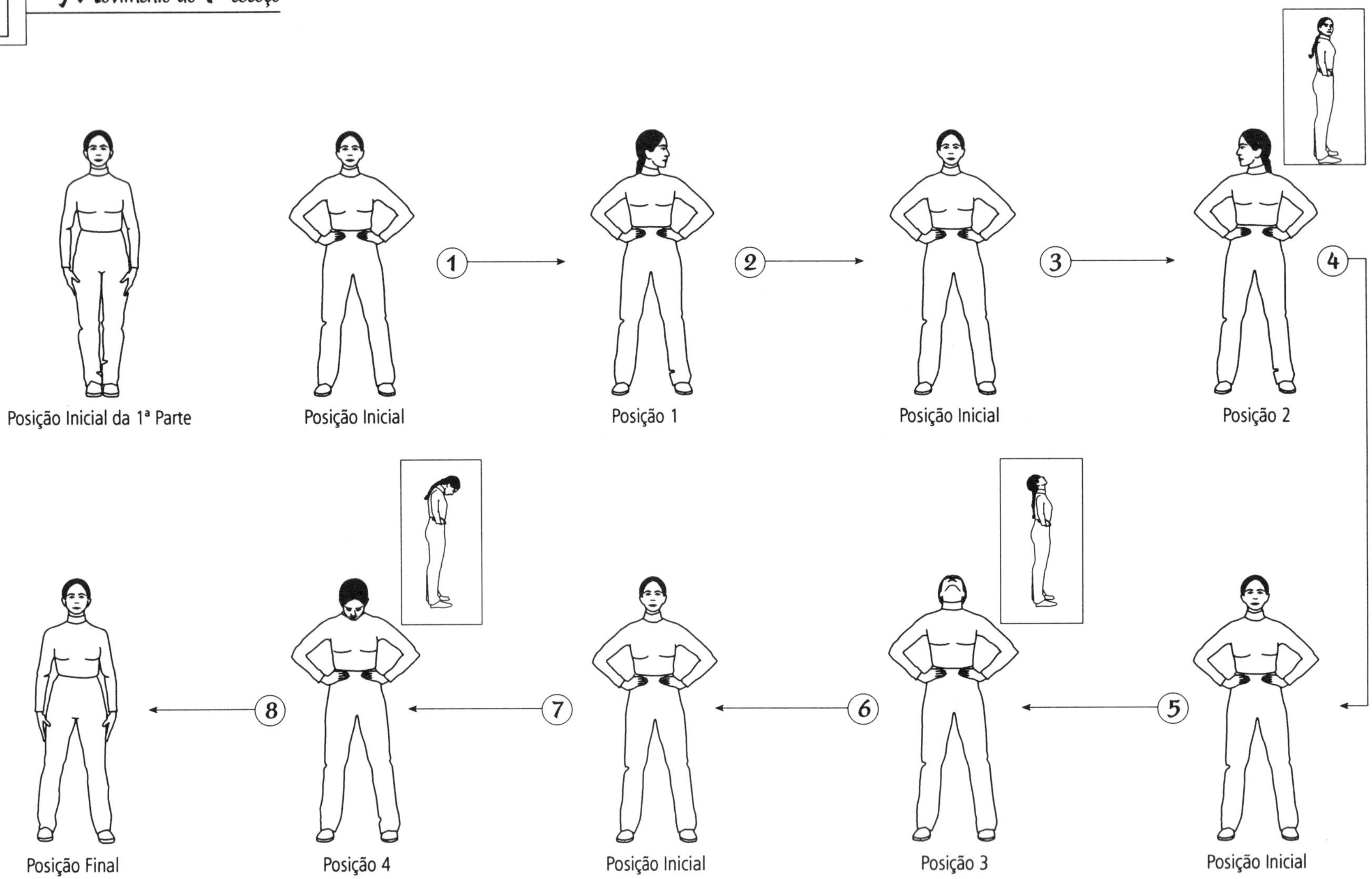

Movimento do Pescoço

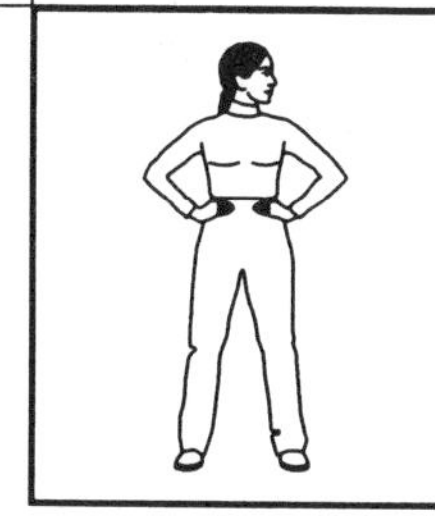

série 1 - exercício 1

Execução do Movimento

Posição Inicial:

Pés separados na largura dos ombros, mãos na cintura e olhar à frente.

1. Girar a cabeça e olhar à esquerda (Posição 1)
2. Voltar à posição inicial
3. Girar a cabeça e olhar à direita (Posição 2)
4. Voltar à posição inicial
5. Levantar a cabeça e olhar para cima (Posição 3)
6. Voltar à posição inicial
7. Inclinar a cabeça e olhar para baixo (Posição 4)
8. Voltar à posição inicial e simultaneamente soltar os braços ao longo do corpo.

Posição Final:

Abaixar os braços ao longo do corpo.

Requisitos para Execução

· Ao movimentar a cabeça, mantenha o pescoço ereto e o tronco imóvel sem incliná-lo, curvá-lo ou girá-lo

· Buscar a amplitude máxima do movimento; o critério geral é o de girar a cabeça num ângulo de 60° para as laterais, e de 45° ao flexionar o pescoço para trás ou para a frente.

· Ao inclinar a cabeça para baixo, direcionar o queixo para o Manúbrio do Esterno do tórax.

Sensação na Execução

Alívio nos músculos do pescoço.

Indicação Terapêutica

Torcicolos, lesões crônicas dos tecidos moles na região do pescoço (síndrome cervical).

Objetivo

Fortalecer os músculos do pescoço e aumentar a mobilidade das diferentes articulações da coluna cervical.

Atua especialmente no músculo trapézio na região posterior do pescoço.

Evitar

1. Inclinar a cabeça perdendo o seu eixo, quando olhar para os lados.

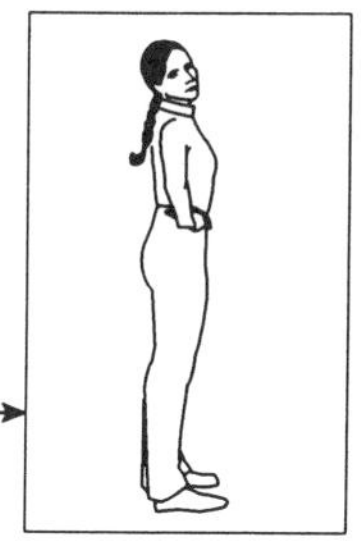

2. Ao olhar para cima ou para baixo, largar a cabeça provocando a compressão do espaço intravertebral.

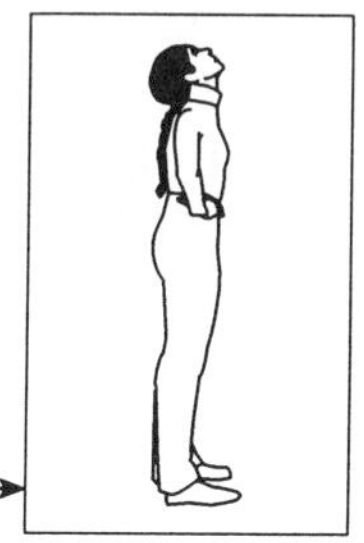

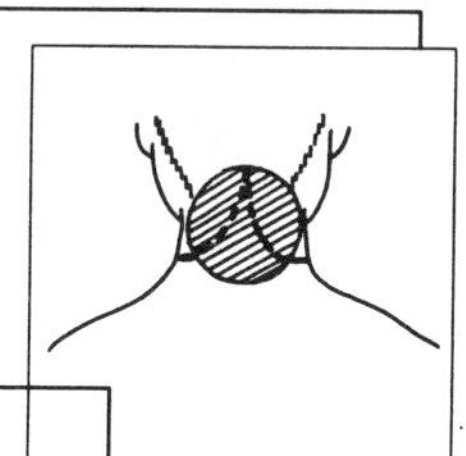

Atuação Terapêutica

Parte superior do músculo trapézio.

Terapia 1

Arquear as Mãos

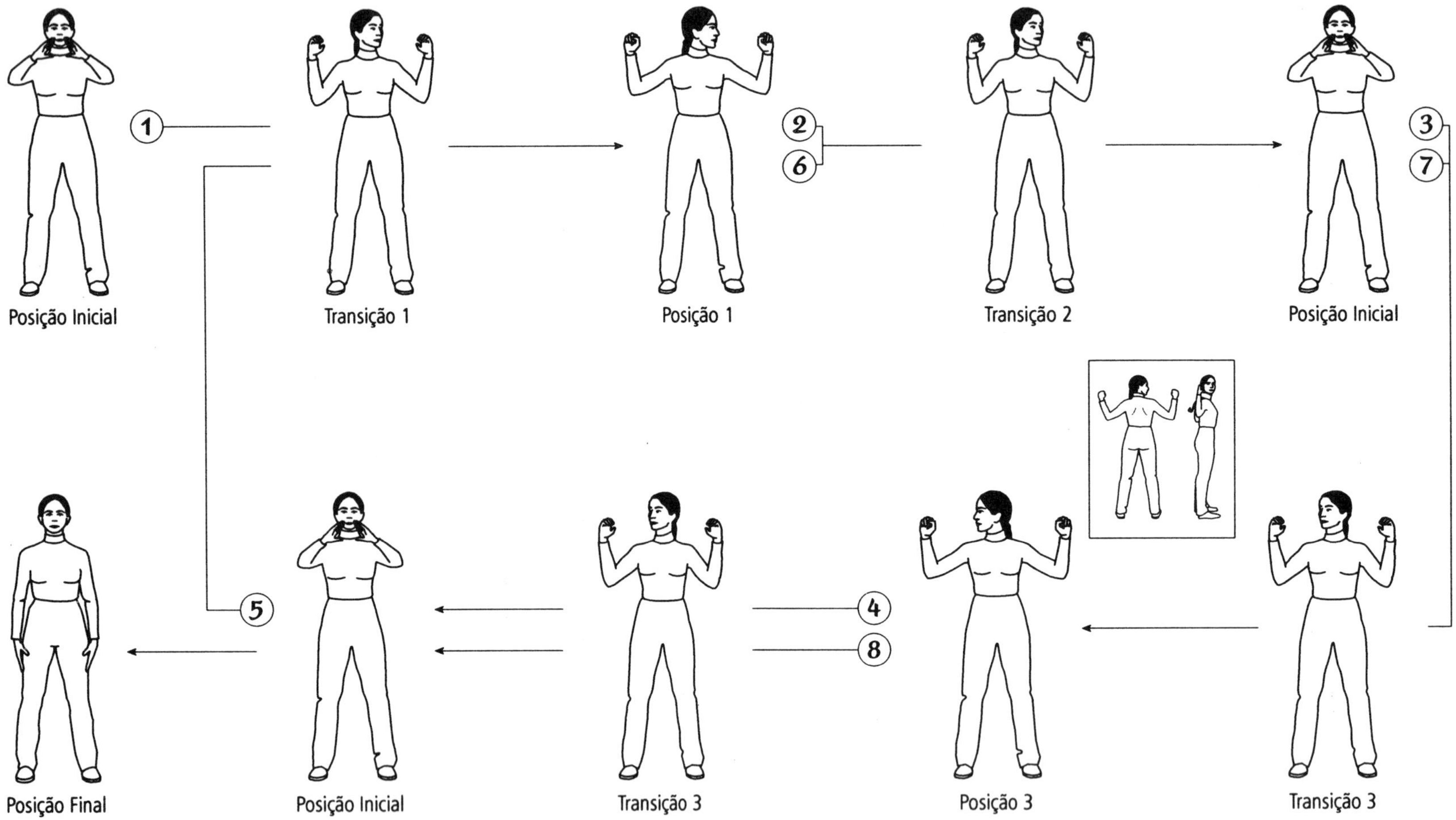

Arquear as Mãos

série 1 - exercício 2

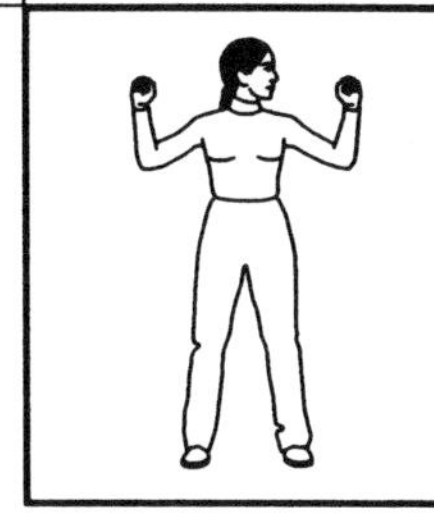

Execução do Movimento

Posição Inicial:

Pés separados na largura dos ombros, cotovelos soltos e palmas formando um triângulo com os indicadores e polegares defronte do rosto. Olhar à frente.

(1) (5) Afastar ambos os braços para os lados, cerrando as palmas, olhando para a mão esquerda (Transição1) até os antebraços ficarem paralelos ao tronco e perpendiculares ao chão. Olhar para o horizonte por cima do punho esquerdo (Posição 1).

(2) (6) Voltar à posição inicial, abrindo as palmas e olhando para a mão esquerda (Transição 2)

(3) (7) Afastar os braços para os lados, cerrando as palmas, olhando para a mão direita (Transição 3) até os antebraços ficarem paralelos ao tronco e perpendiculares ao chão. Olhar para o horizonte por cima do punho direito (Posição 3).

(4) (8) Abrir as palmas olhando para a mão direita (Transição 4) e voltar à posição inicial.

Posição Final:

Abaixar os braços ao longo do corpo.

Requisitos para Execução

· Ao afastar os braços para os lados, levar os antebraços para a posição vertical, até ficarem perpendiculares ao chão. Retrair com vigor ambas as cinturas escapulares, para aproximar as omoplatas o máximo possível.

· Ao formar o triângulo defronte do rosto, as palmas estão voltadas uma para outra.

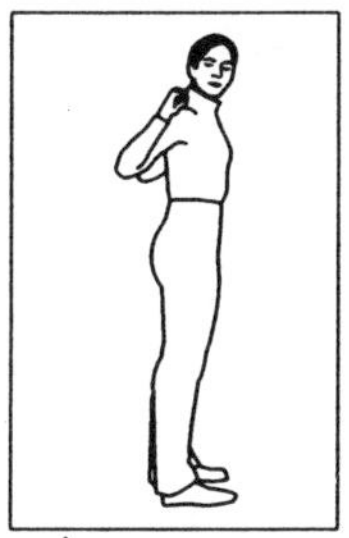

Evitar

1. Ao separar os braços, evite projetar o cotovelo.

2. Na posição inicial evite esticar ou erguer os cotovelos.

Sensação na Execução

Ao expandir o peito e olhar para longe na lateral, há uma sensação de alívio na musculatura do pescoço, ombros e costas, podendo irradiar para ambos os braços. Simultaneamente há uma sensação prazerosa no peito.

Indicação Terapêutica

Dores e enrijecimento da nuca, ombros e costas. Formigamento, adormecimento e inchaço nos braços e mãos. Sensação de peito congestionado e angústia.

Objetivo

Fortalecer a função dos músculos do pescoço, ombros e região superior das costas.

Melhorar a movimentação da cintura escapular, especialmente a função dos músculos rombóides.

Atuação Terapêutica

Músculo rombóide

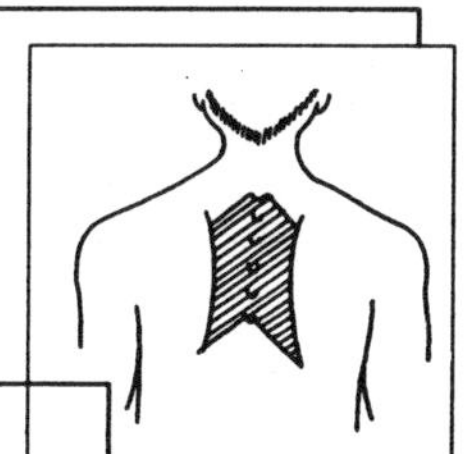

Terapia 2

Estender as Palmas para Cima

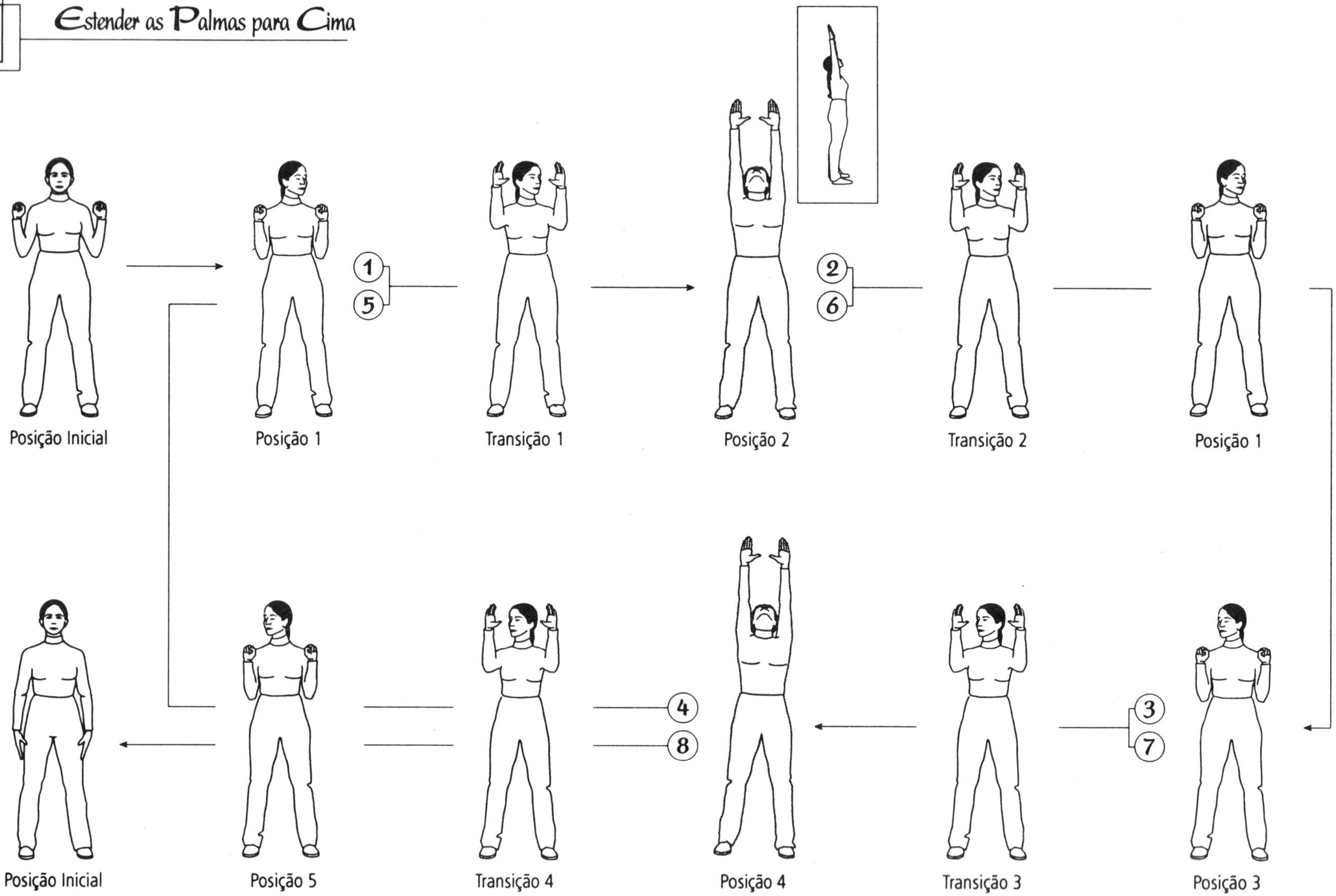

Estender as Palmas para Cima

série 1 - exercício 3

Este exercício é derivado de uma manobra manual na qual o terapeuta puxa o membro afetado e alonga-o para cima, de forma a colocar os músculos e ligamentos em ordem.

Execução do Movimento

Posição Inicial:

Pés separados na largura dos ombros, braços flexionados juntos ao corpo e punhos posicionados ao lado dos ombros. Olhar à frente.

(1) (5) Olhar o punho esquerdo (Posição 1) e estender os braços para cima abrindo as mãos e olhando para a palma esquerda (Transição 1). Braços esticados próximos das orelhas e palmas estendidas acima da cabeça e voltadas para a frente. Olhar para a palma esquerda (Posição 2).

(2) (6) Recolher os braços, fechando as mãos e olhando para a palma esquerda (Transição 2). Punhos posicionados nos ombros (Posição 1).

(3) (7) Olhar o punho direito (Posição 3) e estender os braços abrindo as mãos e olhando para a palma direita (Transição 3). Braços esticados e palmas estendidas acima da cabeça e voltadas para a frente. Olhar para a palma direita (Posição 4).

(4) (8) Recolher os braços, fechando as mãos e olhando para a palma direita (Transição 4). Punhos posicionados ao lado dos ombros (Posição 5).

Posição Final:

Abaixar os braços ao longo do corpo.

Requisitos para Execução

· Esticar os braços para cima na sua extensão máxima, expandindo o peito, contraindo o abdômen, sentindo os pés bem plantados no chão. As palmas estendidas acima da cabeça têm os polegares separados da largura de 3 dedos aproximadamente.

Sensação na Execução

Ao erguer os braços, olhando para a mão, sente-se um alívio no pescoço e ombros.

Indicação Terapêutica

Dores no pescoço, ombros, costas e disfunções da articulação dos ombros (por exemplo: dificuldade de elevar os braços).

Objetivo

Fortalecer os músculos do pescoço, ombros e costas; tais como os músculos supra-espinhal, trapézio e deltóide através do exercício de contração ativa destes músculos.

Evitar

1. Projetar o abdômen.
2. Os braços não estão paralelos ao tronco.

Atuação Terapêutica

Músculo supra espinhal (a) e músculo deltóide (b).

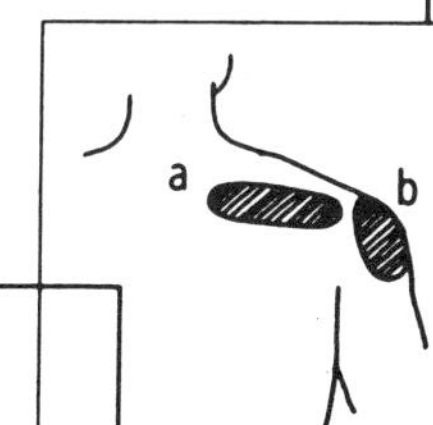

Terapia3

Expandir o Peito

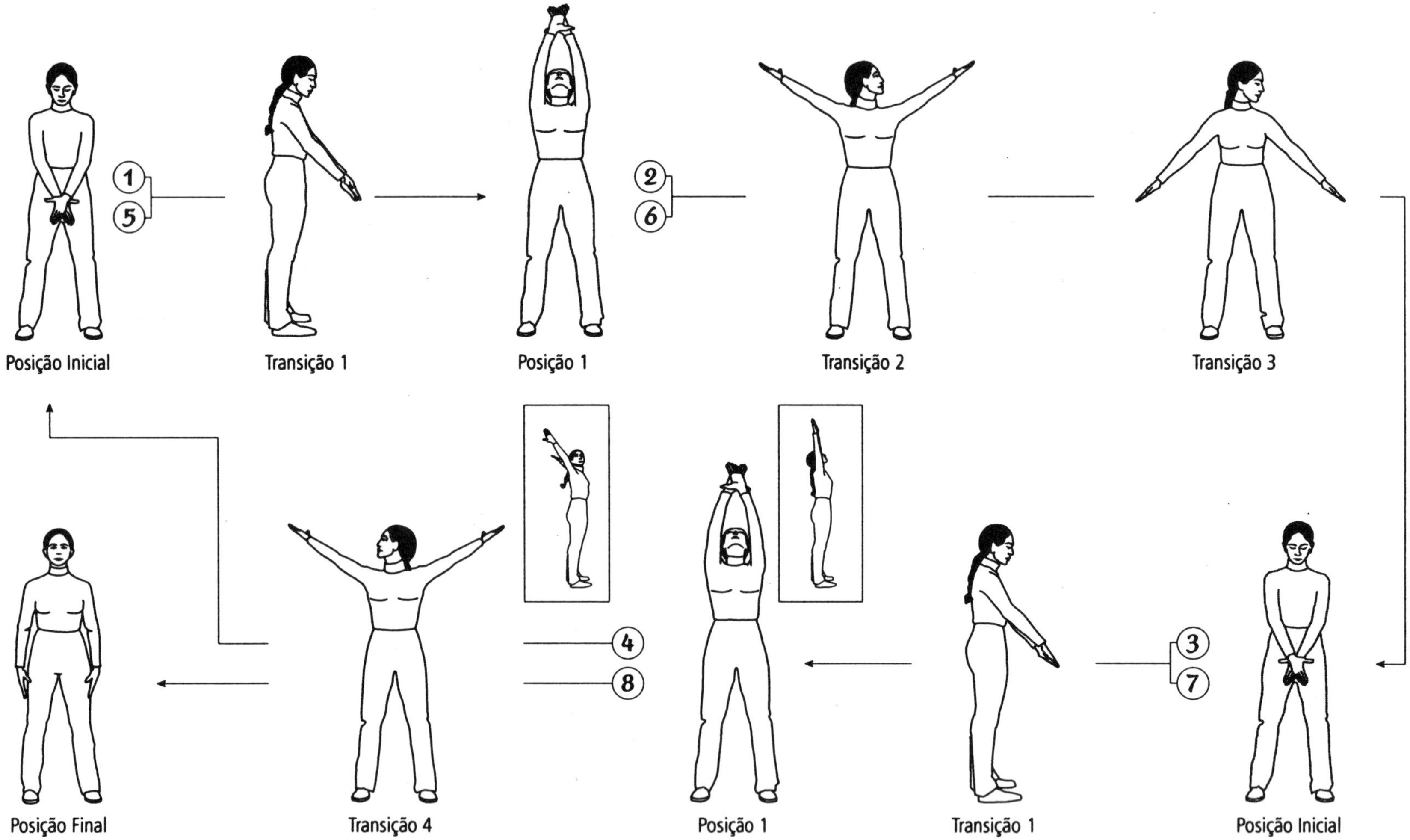

Expandir o Peito

série 1 - exercício 4

Execução do Movimento

Posição Inicial:

Pés separados na largura dos ombros, palmas cruzadas na frente do corpo e olhar à frente.

(1) (3) (5) (7) Levantar os braços estendidos à frente do corpo, mantendo as mãos cruzadas e olhando o dorso das mãos (Transição 1). As palmas acima da cabeça se mantêm cruzadas com os braços próximos das orelhas e a cabeça levantada olhando as mãos (Posição 1).

(2) (6) Abaixar os braços, traçando uma curva pela lateral do corpo por trás da linha dos ombros, acompanhando a palma esquerda com o olhar (Transições 2 e 3). Voltar à posição inicial.

(4) (8) Abaixar os braços, traçando uma curva pela lateral do corpo, acompanhando a palma direita com o olhar (Transição 4). No (4) voltar à posição inicial, no (8) ir para a posição final.

Posição Final:

Abaixar os braços ao longo do corpo.

Requisitos para Execução

· No movimento de elevar e rodar os braços para trás, traçando um amplo círculo de cada lado do corpo, tendo o ombro como eixo; deve-se manter os braços esticados e o corpo ereto. Utilizar plenamente a força interna, para obter o efeito de exercitar os movimentos da articulação dos ombros.

Sensação na Execução

Alívio no pescoço, ombros e cintura ao estender os braços para cima.

Indicação Terapêutica

Periartrite ou disfunção da articulação dos ombros, dores sensíveis no pescoço, torcicolo.

Objetivo

Aumentar a amplitude de movimentação da articulação do ombro praticando a elevação, abdução [1] e rotação externa dos braços, exercitando a função de movimentação dos músculos redondo maior e menor, subescapular, coracobraquial, e outros da região do pescoço e ombros.

[1] Abdução: Refere-se ao movimento de afastar os membros da linha média do corpo.

Evitar

1. Relaxar os braços.

Atuação Terapêutica

Músculo coracobraquial.

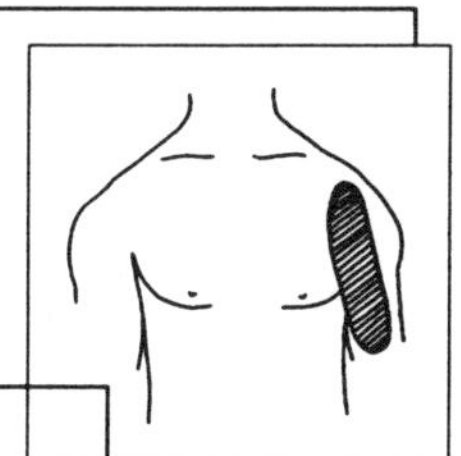

Terapia 4

Despregar as Asas

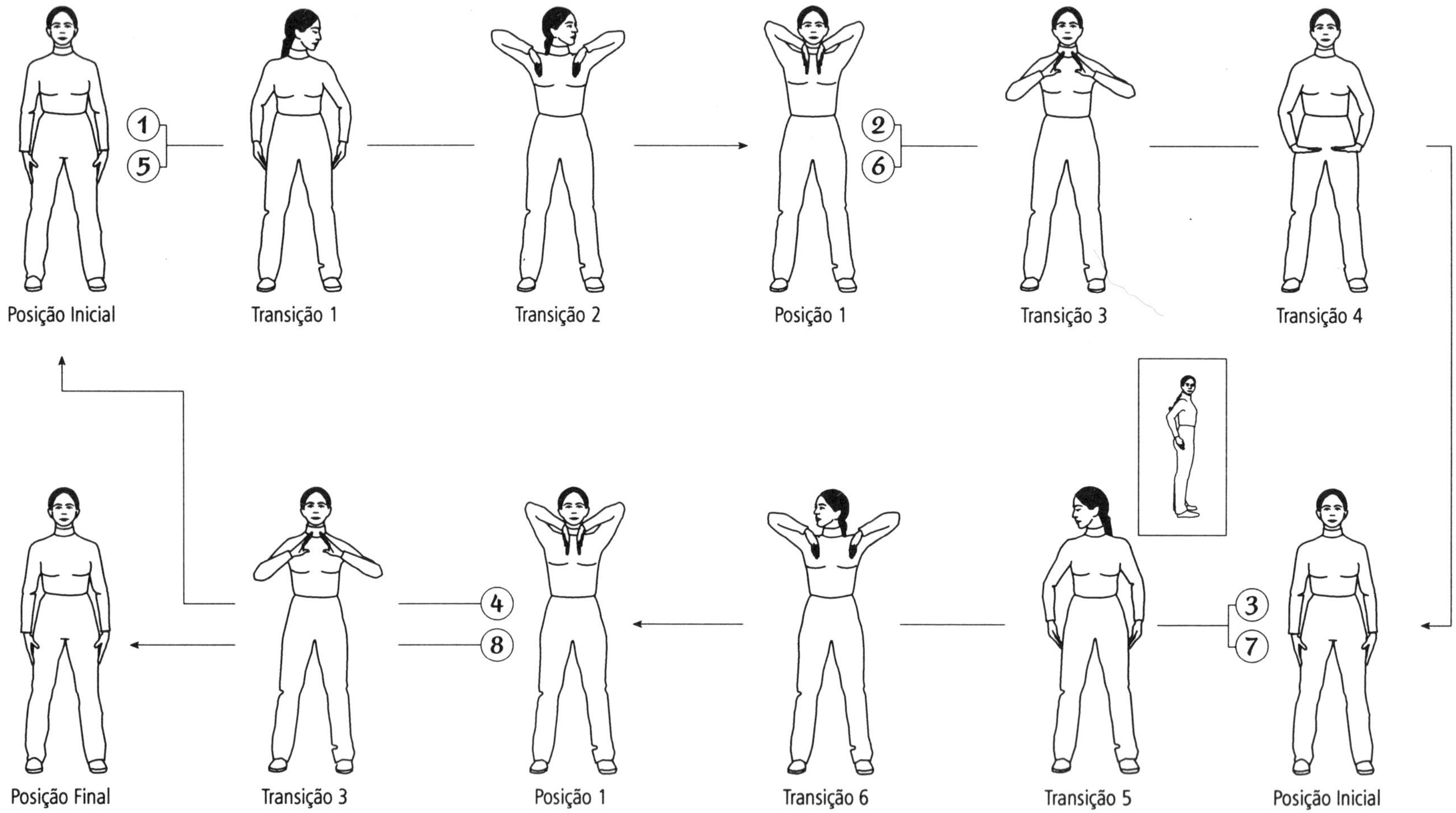

Despregar as Asas

série 1 - exercício 5

Este exercício imita uma manobra de Tuei-na (massagem e manobras manuais da Medicina Tradicional Chinesa), com a diferença que enquanto no Tuei-na o movimento é realizado pelo terapeuta, no Lian Gong é executado ativamente pela própria pessoa.

Execução do Movimento

Posição Inicial:

Pés separados na largura dos ombros e braços soltos ao longo do corpo. Olhar para frente.

(1) (5) Flexionar os braços direcionando os cotovelos para trás e para cima, mantendo as mãos próximas ao corpo (Transição 1). Aproxime o dorso das mãos abaixo do queixo com os cotovelos acima do nível das sobrancelhas, acompanhando o cotovelo esquerdo com o olhar (Transição 2). Mãos soltas abaixo do queixo e cotovelos acima do nível das sobrancelhas. Olhar à frente (Posição 1).

(2) (4) (6) (8) Abaixar os cotovelos, estender as palmas e empurrá-las para baixo (Transições 3 e 4). Voltar à posição inicial.

(3) (7) Flexionar os braços direcionando os cotovelos para trás e para cima, mantendo as mãos próximas ao corpo (Transição 5). Aproxime o dorso das mãos abaixo do queixo com os cotovelos acima do nível das sobrancelhas, acompanhando o cotovelo direito com o olhar (Transição 6). Mãos soltas abaixo do queixo e cotovelos acima do nível das sobrancelhas.
Olhar à frente (Posição 1).

Posição Final:

Braços soltos ao longo do corpo.

Requisitos para Execução

· Os cotovelos comandam o movimento dos antebraços, sendo que os pulsos permanecem soltos e as mãos relaxadas, ao circular o braço de baixo para cima e de trás para a frente, não se deve tensionar os ombros.

Sensação na Execução

Alívio nos ombros e costelas de ambos os lados das mamas. Sensação de alívio na musculatura do pescoço, ombros e costas, podendo irradiar para ambos os braços.

Objetivo

Praticar o movimento circular da articulação do ombro.

Indicação Terapêutica

Rigidez nos ombros, braços e disfunção de movimentação das extremidades superiores, como no caso de bursites, tendinites, ombro congelado, etc.

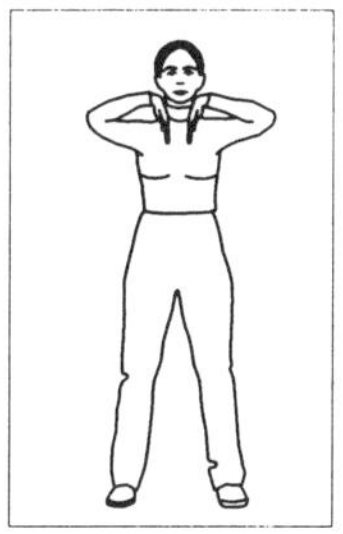

Evitar

1. Que o nível do cotovelo esteja abaixo das sobrancelhas.

2. Abaixar as palmas com os cotovelos levantados.

Atuação Terapêutica

Circulação da articulação dos ombros.

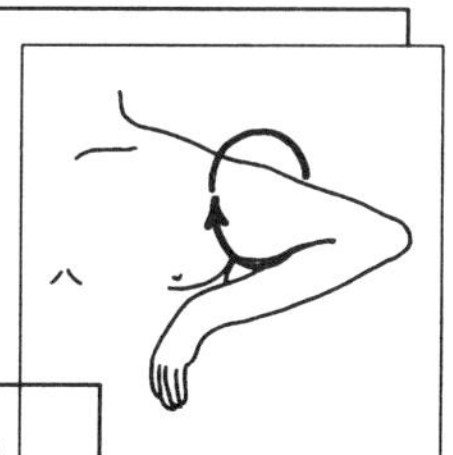

Terapia 5

Levantar o Braço de Ferro

Levantar o Braço de Ferro

série 1 - exercício 6

Execução do Movimento

Posição Inicial:
Pés separados na largura dos ombros e braços abaixados ao longo do corpo.

(1) (5) Levantar o braço esquerdo pela lateral com a palma voltada para baixo. O braço direito flexionado para trás está com o dorso da mão direita pressionando o lado esquerdo da cintura. Olhar a palma esquerda (Transição 1). Próximo ao topo da cabeça a palma vira para cima (Transição 2). Palma esquerda voltada para cima com os dedos voltados para trás, olhar para cima (Posição 1).
(2) (6) Abaixar lateralmente o braço esquerdo, com a palma voltada para baixo, acompanhando o movimento com o olhar (Transição 3). Posicionar a mão esquerda nas costas acima da mão direita (Posição 2).
(3) (7) Levantar o braço direito pela lateral com a palma voltada para baixo. O braço esquerdo flexionado para trás está com o dorso da mão esquerda pressionando o lado direito da cintura. Olhar a palma direita (Transição 4). Próximo ao topo da cabeça a palma vira para cima (Transição 5). Palma direita voltada para cima com os dedos voltados para trás, olhar para cima (Posição 2).
(4) (8) Abaixar lateralmente o braço direito, com a palma voltada para baixo, acompanhando o movimento com o olhar (Transição 6). No (4) posicionar a mão direita nas costas acima da mão esquerda (Posição 3), no (8) soltar os braços ao longo do corpo.

Posição Final:
Abaixar os braços ao longo do corpo.

Requisitos para Execução

· Ao erguer e abaixar o braço lateralmente deve-se mantê-lo ereto e esticado desde o ombro até a ponta dos dedos. Quando a mão chega acima da cabeça a palma está voltada para cima (como se "sustentasse uma bandeja").

· Nas costas o dorso de cada mão vai se sobrepondo uma à outra ascendendo gradualmente até a região da coluna torácica.

Evitar

1. Inclinar o tronco enquanto o braço se ergue.

Sensação na Execução

Erguer o braço estendido até ficar com a palma da mão acima da cabeça, proporciona alívio no pescoço e ombros. Sensação agradável no peito.

Indicação Terapêutica

Rigidez e dificuldade de movimentação dos ombros, dores no pescoço, ombros e cintura; sensação de gases na região abdominal.

Objetivo

Ampliar o campo de movimentação da articulação dos ombros, aumentando a potência dos músculos redondo maior e menor, grande dorsal, entre outros.

Melhorar a função de extensão do braço, ao se colocar o dorso da palma na linha média das costas.

Atuação Terapêutica

Extensão do braço.

Terapia 6

Introdução

Os músculos das costas têm como função principal manter o corpo ereto. Muitas dores na cintura (região lombar) são devidas à fraqueza desses músculos. O "mau jeito" que provoca as diversas afecções nas costas (ruptura de discos, vértebras deslocadas, entorse de músculos e ruptura de ligamentos) surge da falta de cuidado com as costas, principalmente na sua região mais vulnerável, que é a lombar.
As causas mais freqüentes de dores na cintura são:

a) Lesão Aguda.
Levantar ou carregar peso e o uso inapropriado de força podem levar a uma lesão como: deslocamento das articulações das vértebras, espasmos musculares, distensão dos ligamentos. Por exemplo: suspender uma criança, carregar uma caixa pesada, arrastar um móvel são fatores comuns causadores de dores nas costas.

b) Tensão.
Caminhar (as mulheres) com saltos muito altos, trabalhar com as costas curvadas por muito tempo, má postura ao andar, permanência em pé, sentado ou deitado, todos estes fatores podem causar dor na cintura ou nos "rins", como é chamada pela sua localização. Nestes casos, musculatura e ligamentos das costas são mantidos sempre em tensão, podendo ocorrer lesões nos mesmos. As alterações patológicas são espasmos, rompimento parcial das fibras musculares e possíveis aderências e degeneração dos tecidos moles, os quais poderão resultar num processo crônico, com as dores permanecendo por um longo período de tempo.

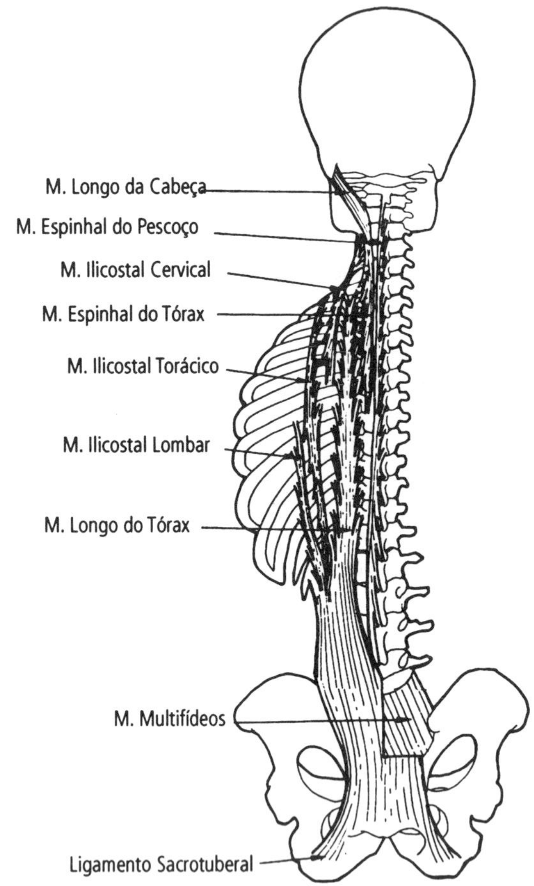

Vista posterior: o eretor da espinha é o músculo maciço na região lombossacra que se ramifica nos músculos espinhal, dorsal longo e ileocostal.

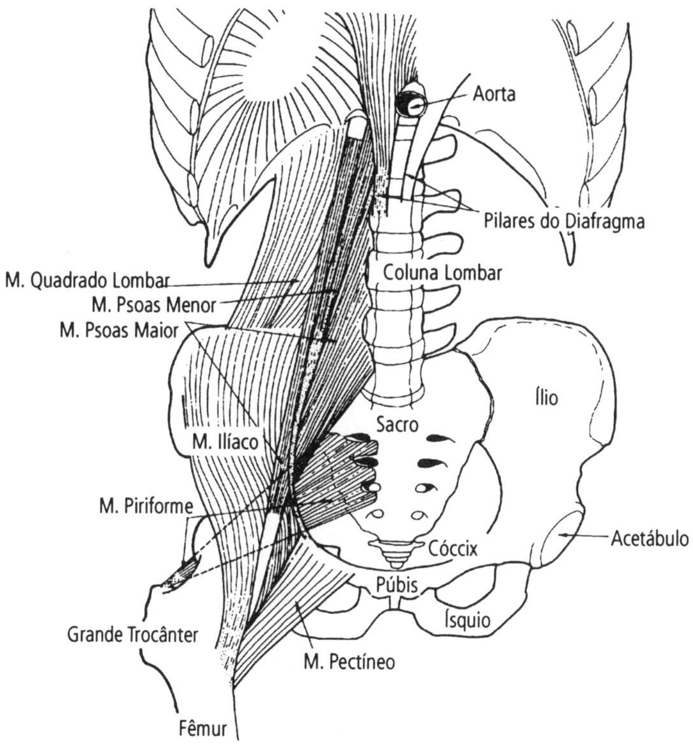

Vista anterior: estruturas que sustentam as vértebras lombares.

c) Dores nas Costas Causadas por Efeitos Perversos do Vento Frio e da Umidade.

A medicina tradicional chinesa considera também a ação do vento frio e da umidade como causadores de dores na região lombar. Quando em contato com o corpo, esses fatores considerados como **qi** perverso penetram nos meridianos e meridianos colaterais [1], provocando a obstrução da circulação do **qi** e do sangue na região lombar. Nestes casos a dor na cintura não tem um início agudo e é freqüentemente associada com uma dor impertinente nos ombros, costas, joelhos, etc.

Os sintomas se agravam no frio, vento, umidade e mudanças climáticas.

d) Hérnia de Disco.

A dor na região lombar, causada por hérnia de disco, é resultante da compressão dos ligamentos longitudinais posteriores da espinha provocadas pela protusão de massa. Num estágio mais avançado, pode existir a compressão de raiz nervosa e a dor irradiará para as pernas e pé (ciática). Dor local e sensibilidade podem ser localizados nos espaços intervertebrais entre a 4ª e 5ª vértebras lombares e entre a 5ª vértebra lombar e a 1ª sacral. A dor causa espasmo no músculo eretor da espinha, limitando o seu movimento.

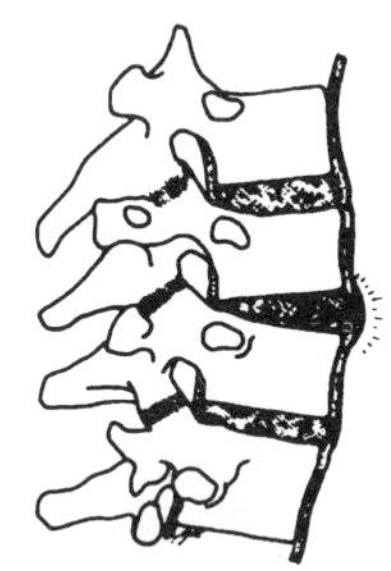

Hiperextensão
Vista lateral: hérnia de disco.

Os movimentos dos exercícios desta série foram projetados para aliviar a dor, desfazer os espasmos do músculo eretor da espinha e músculo psoas, dissolver aderências, melhorar a mobilidade da coluna, corrigir escoliose [2] e restaurar a curva fisiológica da espinha lombar.

(1) Meridianos e meridianos colaterais: vide página 118.

(2) Escoliose: Um desvio lateral na linha vertical normalmente reta da espinha.

Empurrar o Céu e Inclinar para o Lado

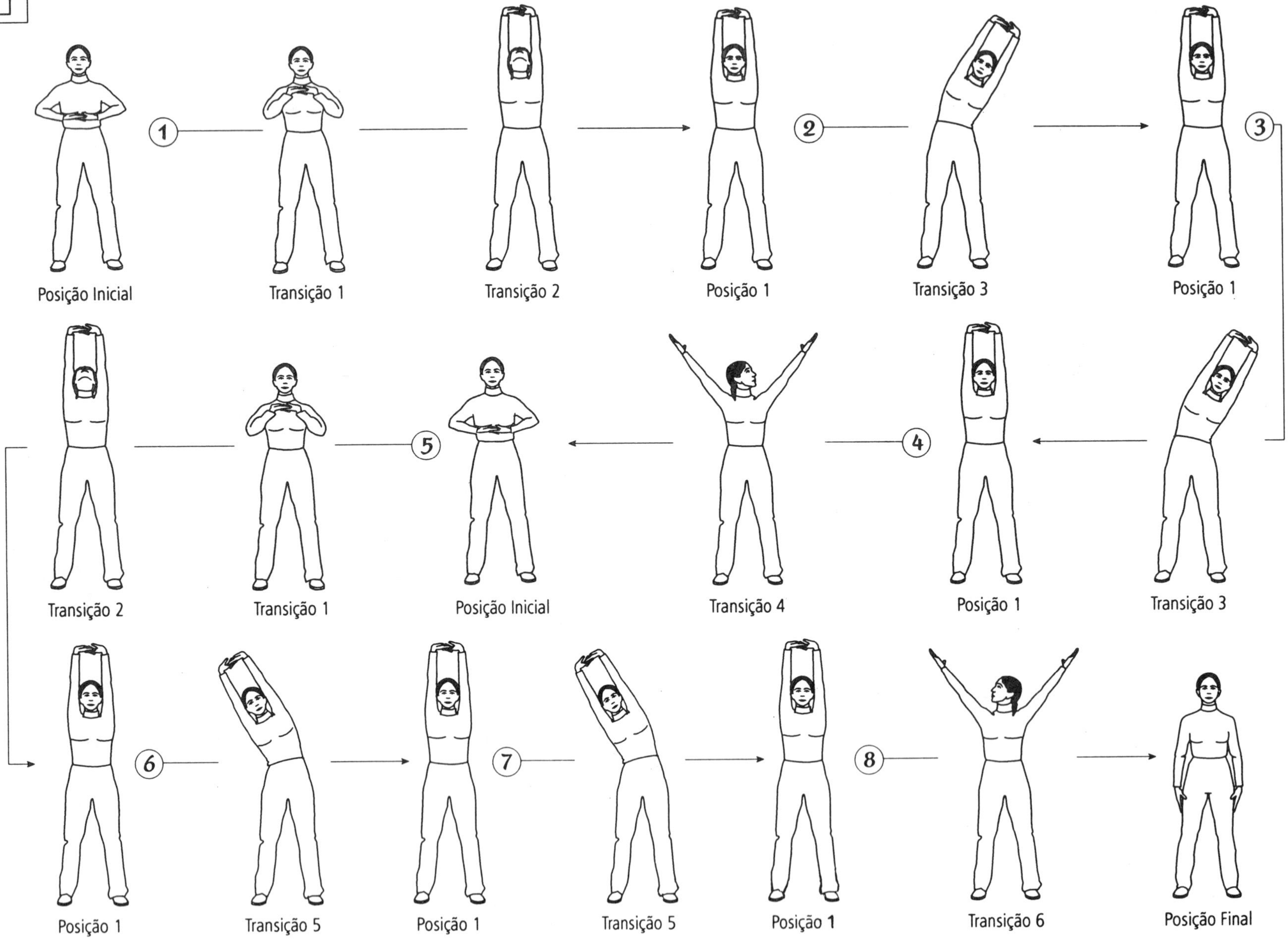

Empurrar o Céu e Inclinar para o Lado

série 2 - exercício 1

Os movimentos desta terapia foram projetados com base nos princípios do "Zheng Gu Li Jin" (Endireitar os ossos e ordenar os tendões), manobra manual utilizada na traumatologia da Medicina Tradicional Chinesa.

Execução do Movimento

Posição Inicial:

Pés separados na largura dos ombros. Dedos das mãos entrelaçados na altura do abdômen. Olhar à frente.

(1) (5) Levantar os braços com os dedos entrecruzados até a altura do queixo com as palmas voltadas para cima (Transição 1). A seguir virar as palmas para baixo e para fora impulsionando-as acima da cabeça, esticando bem os braços. Acompanhar o movimento das mãos com o olhar (Transição 2). Endireitar a cabeça olhando à frente (Posição 1).

(2) (3) Vergar o tronco lateralmente à esquerda e logo a seguir retornar à posição inicial (repetir o movimento duas vezes de acordo com a contagem) (Transição 3 e Posição 1).

(4) Abaixe os braços pela lateral do corpo, olhando a mão esquerda (Transição 4). Retornar à posição inicial.

(6) (7) Endireitar a cabeça olhando à frente (Posição 1), e vergar o tronco lateralmente à direita e logo a seguir retornar à posição inicial (repetir o movimento duas vezes de acordo com a contagem) (Transição 5 e Posição 1).

(8) Abaixar os braços pela lateral do corpo, olhando a mão direita.

Posição Final:

Idem à posição inicial.

Requisitos para Execução

· Ao impulsionar as mãos entrelaçadas acima da cabeça, estender os braços ao lado das orelhas, a seguir flexionar lateralmente o tronco na amplitude máxima, mantendo a espinha alongada, os braços eretos e o olhar à frente. Mantenha os ombros e os quadris estabilizados e os joelhos eretos.

Evitar

1. Girar o tronco.

Sensação na Execução

Sensação de alívio no pescoço e cintura irradiando para os ombros, braços e dedos.

Indicação Terapêutica

Rigidez no pescoço e cintura, dificuldade de movimentação das articulações dos ombros, cotovelos e coluna vertebral, escoliose.

Objetivo

A primeira parte do exercício realiza a contração dos músculos paravertebrais de ambos os lados, o quadrado lombar, grande dorsal, e o alongamento do músculo eretor da espinha; permitindo o alinhamento das vértebras, o encaixe das articulações e o ordenamento dos ligamentos e músculos. 37

A segunda parte trabalha a flexão lateral da coluna, equilibrando as funções dos músculos de ambos os lados da coluna.

Atuação Terapêutica

Coluna espinhal.

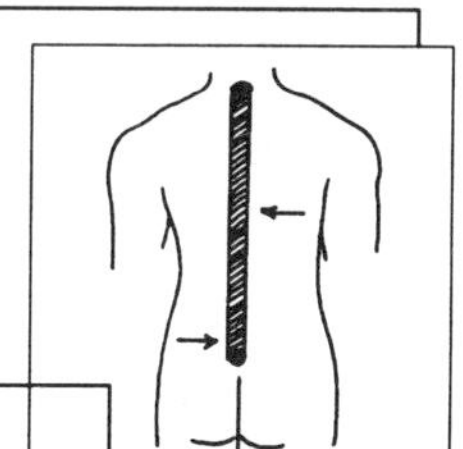

Terapia 7

Girar a Cintura e Projetar as Palmas

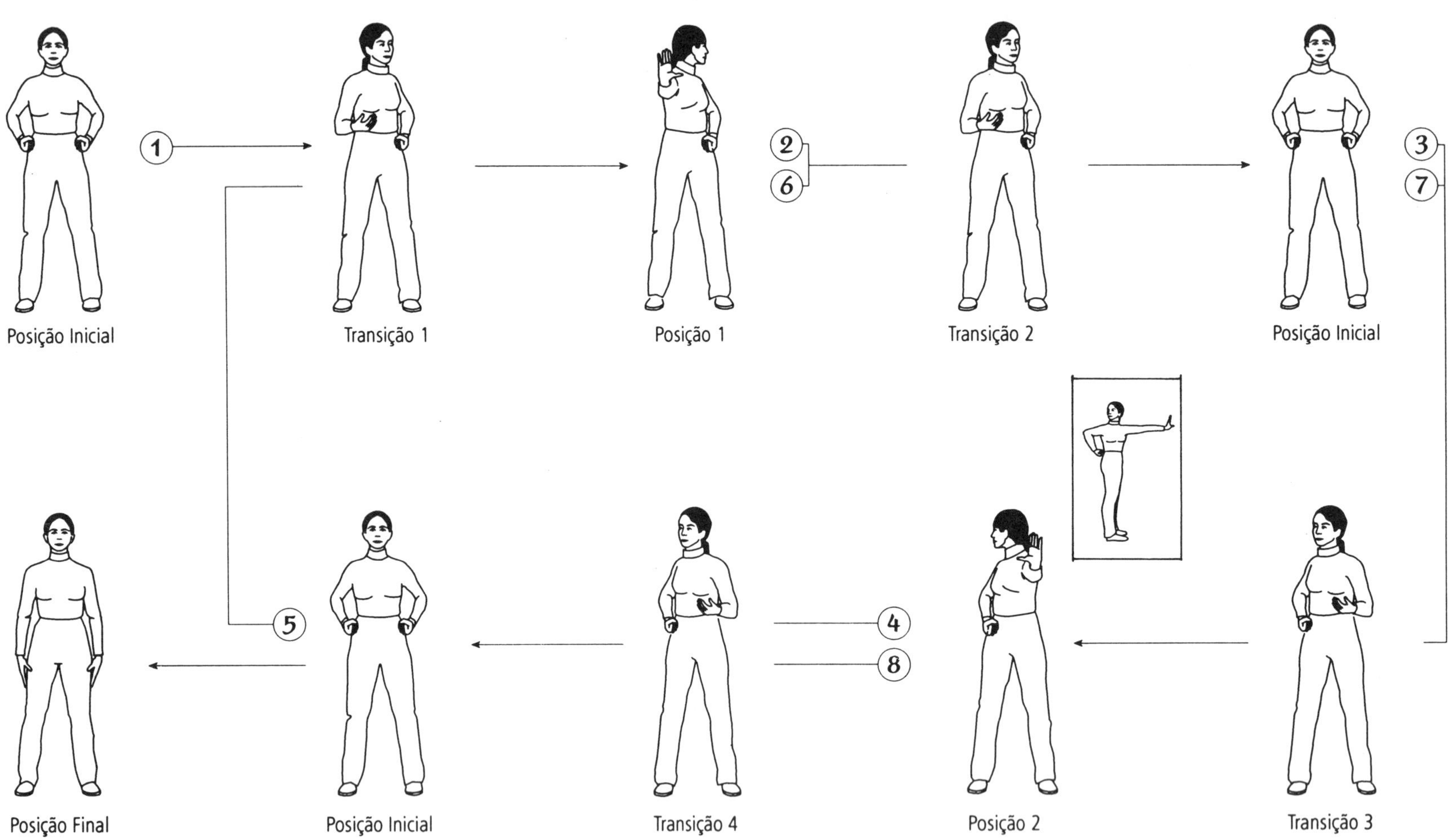

Girar a Cintura e Projetar as Palmas

Execução do Movimento

Posição Inicial:

Pés separados na largura dos ombros e punhos posicionados na altura da cintura.

(1) (5) Empurrar a palma direita para a frente, estendendo o braço, e puxar o punho esquerdo, levando o cotovelo para trás numa linha reta com a palma direita (Transição 1), girando o tronco e a cabeça para a esquerda, olhando para trás no horizonte (Posição 1).

(2) (6) Girar o tronco à frente, recolhendo o braço direito girando e fechando a palma direita (Transição 2). Voltar à posição inicial.

(3) (7) Empurrar a palma esquerda para a frente, estendendo o braço, e puxar o punho direito, levando o cotovelo para trás numa linha reta com a palma direita (Transição 3), girando o tronco e a cabeça para direita, a olhando para trás no horizonte (Posição 2).

(3) (8) Girar o tronco à frente, recolhendo o braço esquerdo girando e fechando a palma esquerda (Transição 4). Voltar à posição inicial.

Posição Final:

Abaixar os braços ao longo do corpo.

Requisitos para Execução

Ao impulsionar uma palma para a frente e projetar o cotovelo na direção oposta, buscar a maior amplitude possível de rotação do tronco e cabeça, mantendo o corpo ereto e alongado, e os ombros alinhados. Ao estender o braço para a frente, a mão se transforma de punho para palma estendida, como uma "flor de lótus se abrindo", girando para fora e abrindo gradativamente os dedos das mãos.

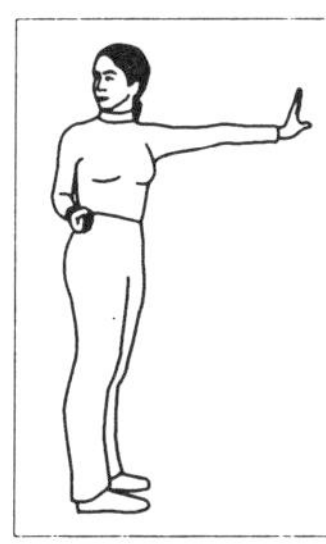

Sensação na Execução

Sensação de alívio na cintura se irradiando para os ombros e costas, ao girar o tronco impulsionando a palma.

Indicação Terapêutica

Lesões nos tecidos moles do pescoço, ombros, costas e quadris que provocam dores na nuca, cintura, acompanhadas de adormecimento nos braços e mãos; atrofia muscular, etc.

Evitar

1. Inclinar o tronco.
2. O cotovelo não está no mesmo plano que o braço.

Objetivo

Este exercício pratica a rotação da espinha, fortalecendo seus músculos, especialmente o músculo multifído e rotador, entre outros.

Estabiliza a coluna corrigindo deformações como a escoliose.

Atuação Terapêutica

Músculo multifído.

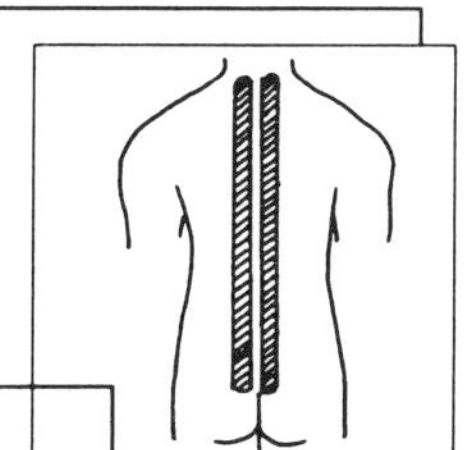

Terapia 8

Rodar a Cintura com as Mãos nos Rins

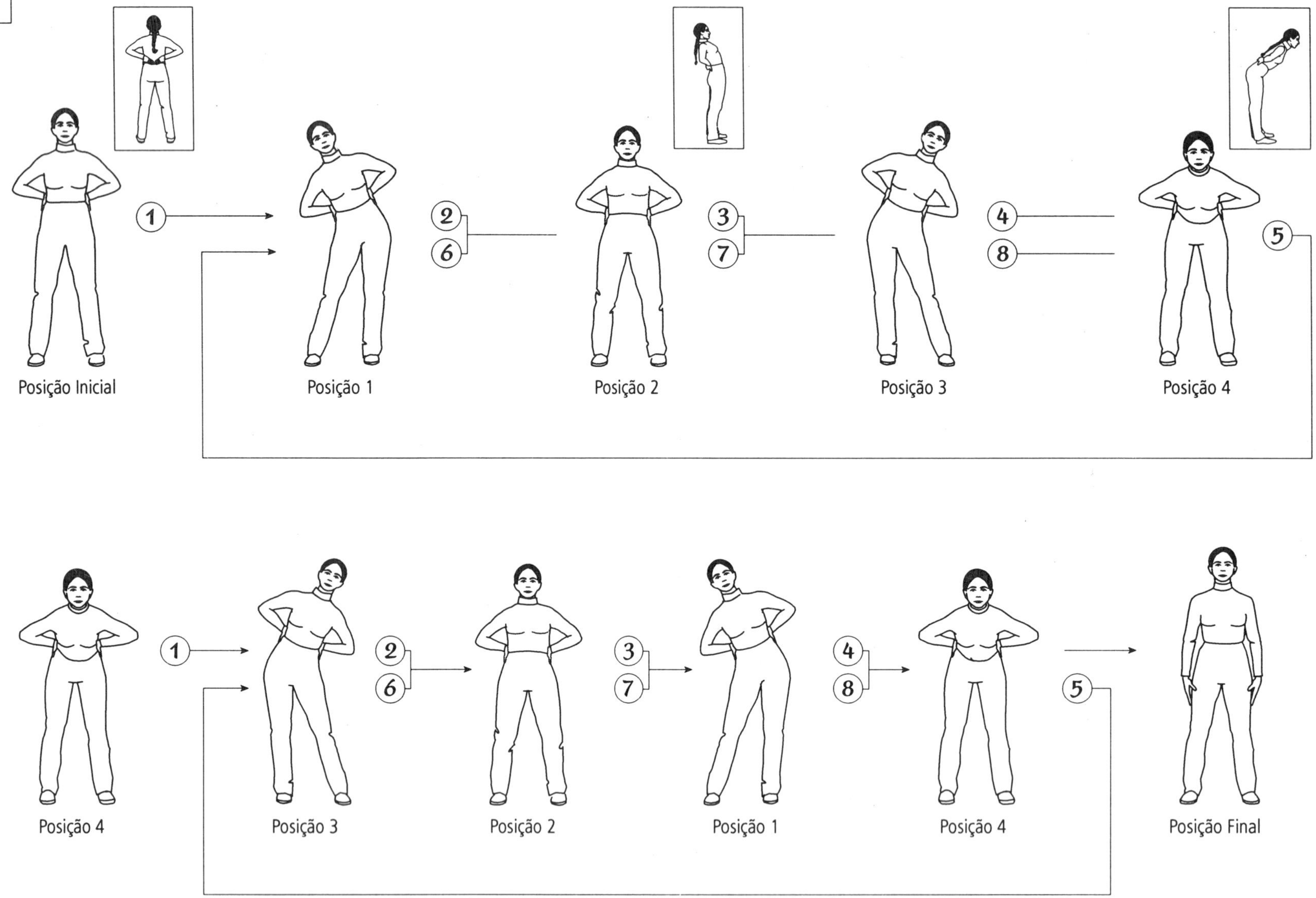

Rodar a Cintura com as Mãos nos Rins

Execução do Movimento

Posição Inicial:
Pés separados na largura dos ombros e mãos posicionadas na região lombar com os dedos voltados para dentro.

(1) (5) Girar o quadril à esquerda (Posição 1)
(2) (6) Girar o quadril para a frente (Posição 2)
(3) (7) Girar o quadril à direita (Posição 3)
(4) (8) Girar o quadril para trás (Posição 4)

Repetir novamente o movimento girando no sentido contrário.

(1) (5) Girar o quadril à direita (Posição 3)
(2) (6) Girar o quadril para a frente (Posição 2)
(3) (7) Girar o quadril à esquerda (Posição 1)
(4) (8) Girar o quadril para trás (Posição 4)

Posição Final:
Abaixar os braços ao longo do corpo.

Requisitos para Execução

. Ao descrever um grande círculo com os quadris, manter as pernas eretas (não dobrar os joelhos) e quando curvar para a frente ou inclinar para trás, relaxar os músculos dos ombros e cintura, deixando os cotovelos soltos. O olhar se fixa num ponto à frente durante todo o movimento.
. O pescoço se mantém sempre alinhado à coluna, não pendendo para os lados, para a frente e ou para trás.
. Neste exercício, certos músculos retesam enquanto outros se soltam de tal forma que grupos diferentes de músculos trabalham em harmonia.

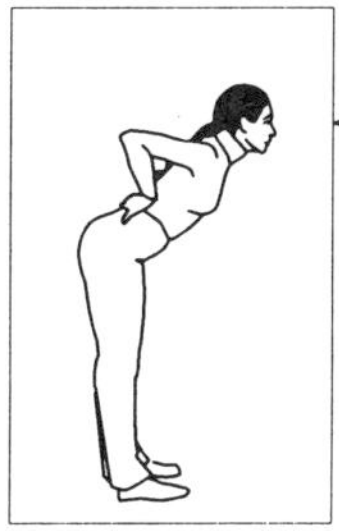

Sensação na Execução

Alívio e sensação de expansão na região lombossacral.

Indicação Terapêutica

Torção aguda ou dor crônica na cintura. Dor sensível na região lombossacral, resultante de uma postura inadequada ou de esforço repetitivo.

Evitar

1. Rodar o tronco em vez do quadril.
2. Erguer o cotovelo ao projetar o quadril para trás.
3. Inclinar em demasia o tronco à frente (ao girar o quadril para trás).

Objetivo

Os movimentos deste exercício são projetados para fazer deslizar a 4ª e 5ª articulações intervertebrais da coluna lombar, especialmente para facilitar o alongamento da coluna lombar, melhorando a função do músculo eretor da espinha.

Manter ou corrigir a curvatura fisiológica da coluna lombar.

Atuação Terapêutica

4ª e 5ª articulações intervertebrais da coluna lombar

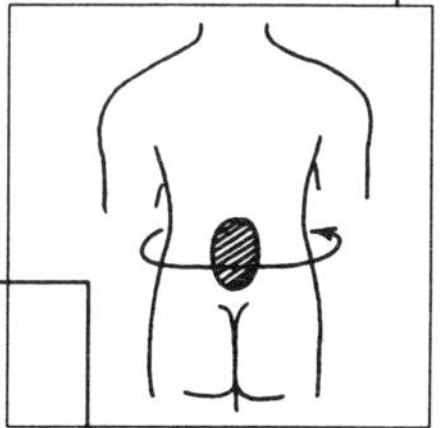

Terapia 9

Abrir os Braços e Flexionar o Tronco

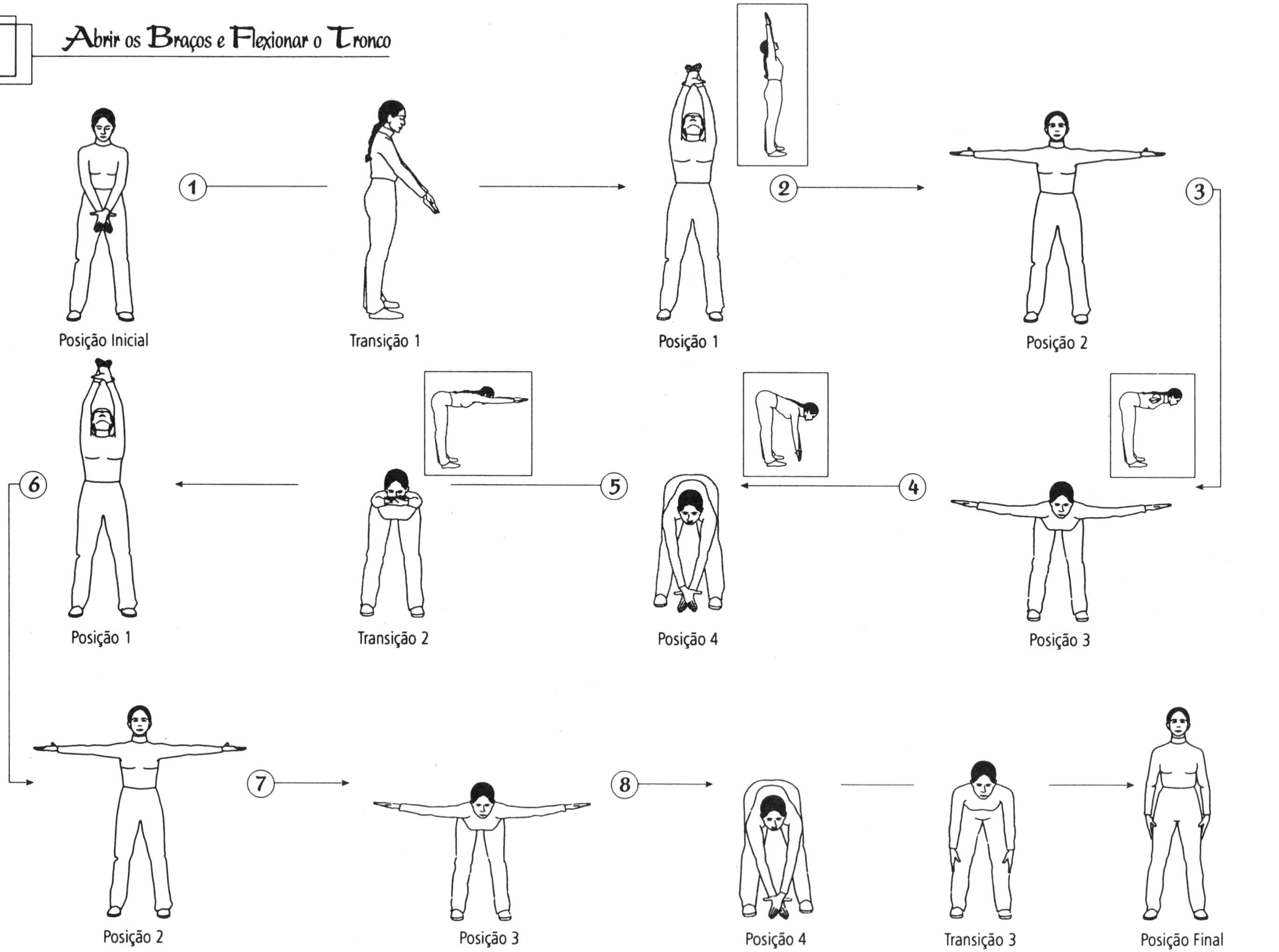

Abrir os Braços e Flexionar o Tronco

série 2 - exercício 4

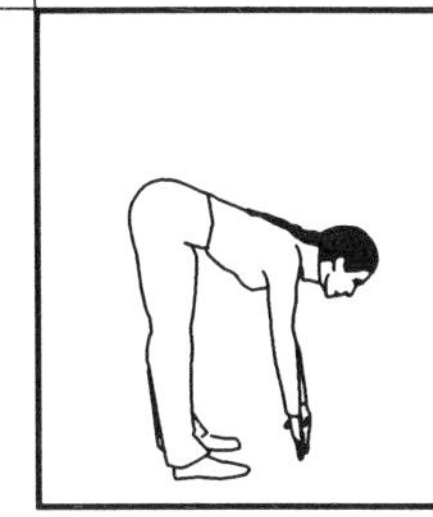

Execução do Movimento

Posição Inicial:

Pés separados na largura dos ombros com as palmas cruzadas na altura do baixo-ventre. Olhar à frente.

(1) Erguer os braços estendidos à frente do corpo, (Transição 1) levantando as palmas cruzadas até acima da cabeça , o olhar acompanha as palmas (Posição 1).

(2) (6) Abaixar os braços lateralmente até a linha dos ombros, palmas voltadas para cima e olhar à frente (Posição 2).

(3) (7) Curvar-se (flexionando-se na altura da virilha), com as costas estendidas, até o plano horizontal, virando as palmas para baixo. Fixar o olhar num ponto à frente no chão (Posição 3).

(4) (8) Cruzar as palmas na frente do corpo, procurando tocar o chão com a ponta dos dedos (se necessário abaixe um pouco o tronco) (Posição 4).

(5) Suspender os braços mantendo as palmas cruzadas; quando passar na altura das orelhas, suspender simultaneamente o tronco e os braços (Transição 2), até a posição vertical (Posição 1).

Posição Final:

Erguer o tronco com as palmas ao lado do corpo (Transição 3) até a posição vertical.

Requisitos para Execução

. Ao curvar o tronco para a frente contraia o baixo-ventre e relaxe a musculatura das costas. A flexão do tronco se dá na altura da virilha (articulação coxo- femural), as costas e as pernas devem estar estendidas, o olhar fixado num ponto à frente no chão e o quadril atrás da linha dos pés (equilibrando o peso do tronco que vai à frente).

. Ao erguer o tronco a cabeça mantém-se erguida, fixando o olhar nas mãos, e o quadril volta a se alinhar com os pés.

Sensação na Execução

Alívio na região lombar e musculatura posterior das pernas.

Indicação Terapêutica

Dores no pescoço, ombros, costas e cintura.

Evitar

1. Ao curvar-se para a frente os braços ficam mais altos que os ombros.

2. Cabeça pendida quando curvar o tronco.

Objetivo

Aumentar a elasticidade dos ligamentos, fortalecer os músculos do tronco (como o eretor da espinha e grande dorsal), e melhorar a mobilidade das articulações da coluna.

Atuação Terapêutica

Músculo eretor da espinha.

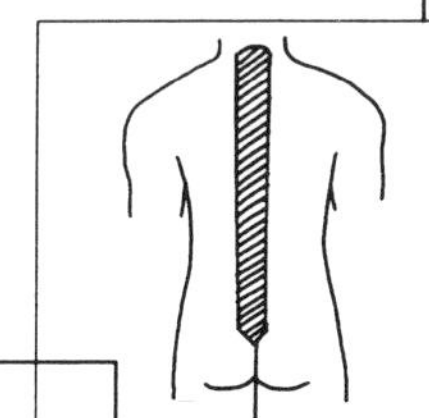

Terapia 10

Espetar com a Palma para o Lado

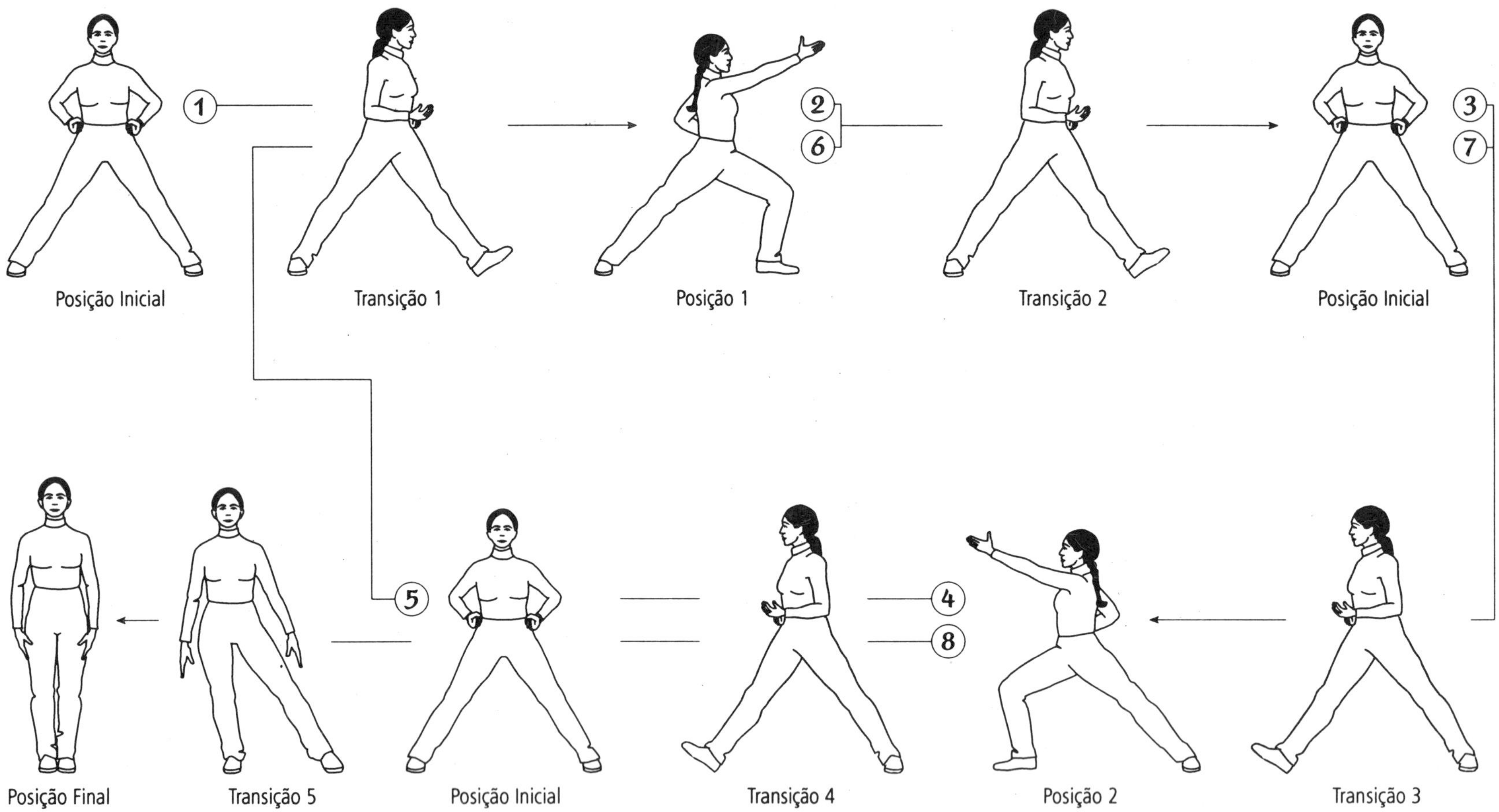

Espetar com a Palma para o Lado

Execução do Movimento

Posição Inicial:
Pés separados na largura de dois ombros (abertura lateral grande), punhos posicionados na altura da cintura e braços flexionados com os cotovelos puxados para trás.

(1) (5) Apoiar no calcanhar esquerdo e virar a ponta do pé para a esquerda 90°, girando o tronco para a esquerda e abrindo o punho direito, impulsionando-o para a frente e puxando o punho esquerdo para trás (Transição 1). Esticar a perna direita e flexionar a esquerda, estendendo a palma direita obliquamente na lateral esquerda (polegar na altura do topo da cabeça) e o cotovelo esquerdo no sentido oposto (Posição 1).

(2) (6) Virar a ponta do pé esquerdo à frente, girando o tronco, fechando e recolhendo o punho direito (Transição 2). Voltar à posição inicial.

(3) (7) Apoiar-se no calcanhar direito e virar a ponta do pé para a direita 90°, girando o tronco para a direita e abrindo o punho esquerdo, impulsionando-o para a frente e puxando o punho direito para trás (Transição 3). Estique a perna esquerda e flexione a direita, estendendo a palma esquerda obliquamente na lateral direita (polegar na altura do topo da cabeça) e o cotovelo direito no sentido oposto (Posição 2).

(4) (8) Virar a ponta do pé direito à frente, girando o tronco, fechando e recolhendo o punho direito (Transição 4). Voltar à posição inicial.

Posição Final:
Recolher o pé esquerdo para junto do direito, abaixando os braços (Transição 5).

Requisitos para Execução

. Ao impulsionar uma palma para a frente e puxar a outra para trás, mobilize o Nei-Jing (força interna) obtendo uma sensação intensa na musculatura da cintura. Deve-se estar com a abertura correta das pernas, manter os tornozelos firmes e observar o princípio das 3 "retas": braço reto, tronco e cabeça eretos e perna de trás reta. (Perna da frente flexionada).

Sensação na Execução

Alívio na cintura e nas pernas.

Indicação Terapêutica

Dores no pescoço, ombros, costas e cintura. Desordens das articulações posteriores da espinha.

Objetivo

Melhorar a mobilidade da coluna e fortalecer a musculatura da cintura, glúteos e pernas.

Eficaz no tratamento de desordens das articulações posteriores da coluna e o espessamento da membrana sinovial.

Evitar

1. Inclinar o tronco à frente.
2. Braço estendido muito abaixo e não alinhado com a perna de trás.
3. Tornozelo sem estabilidade.

Atuação Terapêutica

Articulações posteriores da coluna lombar

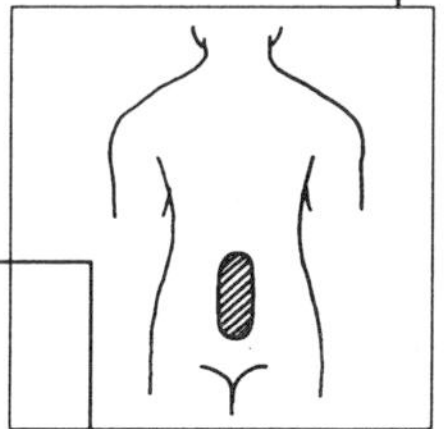

Terapia 11

Tocar os Pés com as Mãos

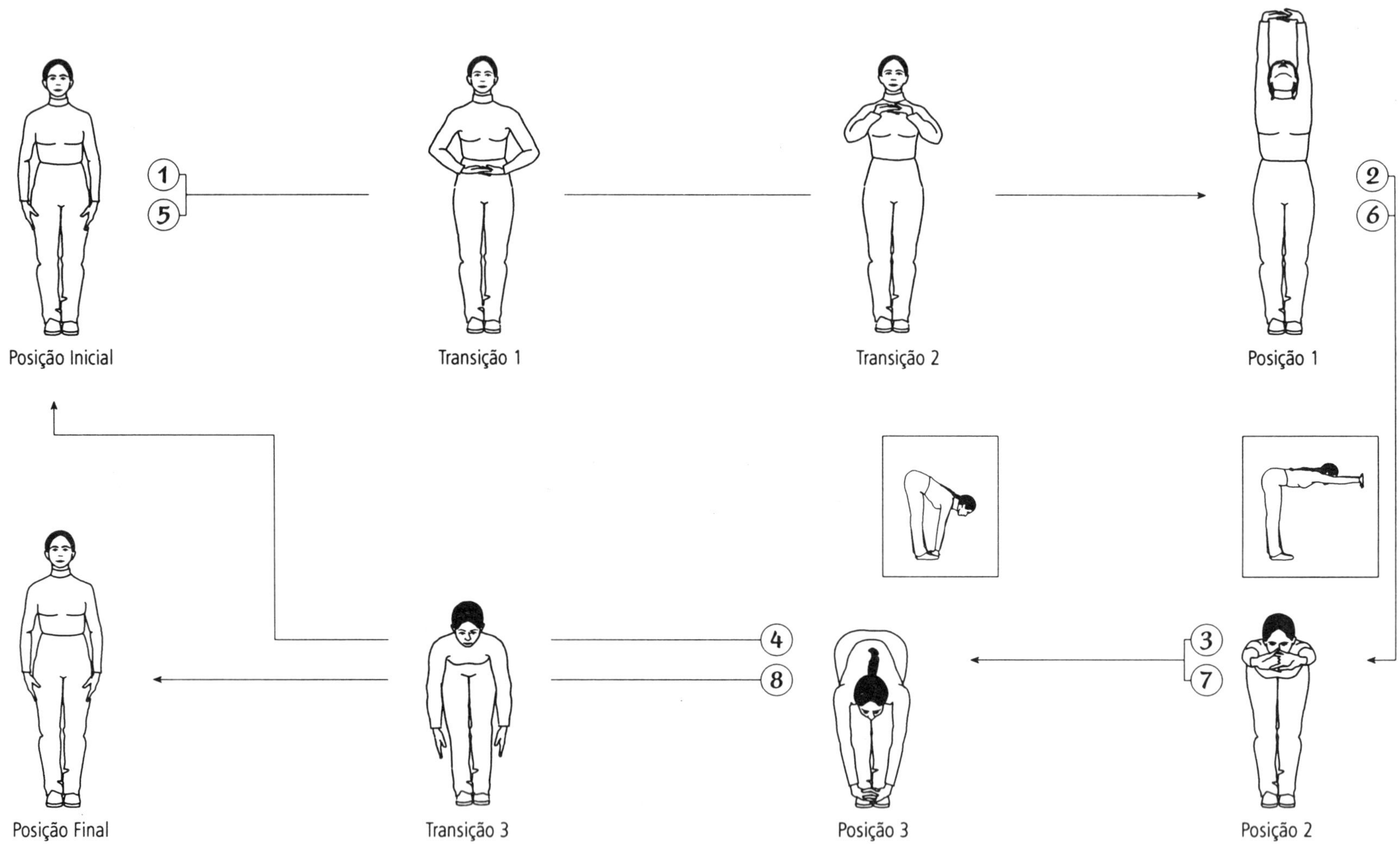

Tocar os Pés com as Mãos

série 2 - exercício 6

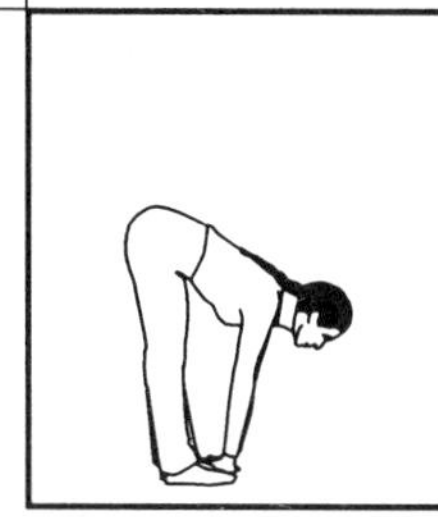

Execução do Movimento

Posição Inicial:
Pés juntos, corpo ereto e braços soltos ao longo do corpo.

(1) (5) Cruzar os dedos das mãos na altura do abdômen (palmas viradas para cima) (Transição 1). Erger as mãos com os dedos entrelaçados até a altura do queixo com as palmas viradas para cima (Transição 2). A seguir girar as palmas para baixo e para fora impulsionando-as para cima, erguendo a cabeça (Posição 1).
(2) (6) Flexionar o tronco na altura da virilha, mantendo as costas e os braços estendidos até o nível horizontal. A cabeça levemente suspendida permite olhar para o dorso das mãos (Posição 2).
(3) (7) Abaixar os braços e tocar os pés com as mãos (Posição 3).
(4) (8) Suspender o tronco reto e cabeça levemente erguida com as mãos dos lado do corpo (Transição 3) e voltar à posição inicial.

Posição Final:
Idem à posição inicial.

Requisitos para Execução

. Ao flexionar o tronco para a frente, mantenha os braços e pernas e a espinha estendidas, a cabeça suspensa e o quadril puxado para trás da linha dos pés.
· Ao tocar os pés com as mãos a cabeça se mantém suspendida com o olhar fixando um ponto à frente no chão.

Sensação na Execução

Alívio no pescoço, ombros e cintura ao erguer os braços e ao curvar o tronco para pressionar o dorso dos pés com as palmas.

Indicação Terapêutica

Lesões dos tecidos cartilaginosos da cintura e pernas, dificuldades em girar a cintura, escoliose, dores, formigamentos e dificuldade em flexionar e estender a coluna.

Objetivo

Alongar os ligamentos supra-espinhal, interespinhal, longitudinal posterior e sacroespinhal.

Exercitar as atividades do músculo eretor da espinha, psoas maior e os três músculos da parte superior da coxa: bíceps femoral, semitendinoso e semimembranoso.

Evitar

1. Curvar os joelhos.

Atuação Terapêutica

Cintura (a), glúteos (b) e coxa (c).

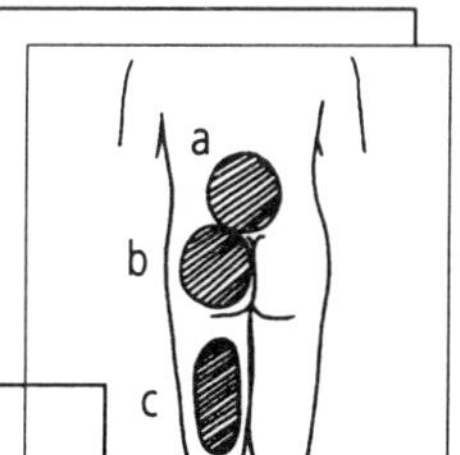

Terapia 12

Introdução

A estabilidade de nosso corpo depende da estabilidade das pernas e pés. Os vários músculos que ligam coxa e pelve determinam o equilíbrio da pelve que, por sua vez, influencia a colocação da coluna.

Síndromes de dor nos glúteos, parte posterior e externa da coxa, parte posterior das panturrilhas, calcanhares e pés, etc., são causadas principalmente pela lesão do músculo piriforme, dos nervos clunios superiores entre outros e protusão dos discos intervertebrais.

1- Síndrome Piriforme

O músculo piriforme é um pequeno músculo, localizado na camada profunda da região glútea. Um movimento da coxa de abdução extremada ou de rotação externa exagerada pode lesá-lo, e um movimento brusco de levantar-se de uma posição abaixada pode distendê-lo. Os sintomas da lesão são: dificuldade em curvar o tronco, sensação de pernas encurtadas, dores na cintura e glúteos, ou dor impertinente em um lado dos glúteos acompanhada de dor ou adormecimento que se irradia ao longo da região posterior da coxa até a região posterior externa da panturrilha. A dor é intensificada na evacuação, movimento intestinal ou tosse.

2- Lesão dos nervos clunios superiores.

Estes nervos são uma ramificação da divisão posterior, do primeiro, segundo e terceiro nervo lombar. Eles penetram os músculos posteriores sobre a crista ilíaca e descendem para dentro do tecido subcutâneo do glúteo. Devido a sua superficialidade, estão sujeitos a serem lesionados no movimento da coluna espinhal, especialmente na espinha lombar.

Quando lesado, o nervo fica suscetível de ser desalojado. Na medicina tradicional chinesa é descrito como uma corda desalojada para fora de seu sulco, causando dor na cintura e glúteos, que pode irradiar-se para baixo ao longo da extremidade inferior. É característico para este tipo de lesão que a dor não irradie para além do joelho. Haverá dificuldade de curvar o tronco e de levantar de uma posição sentada.

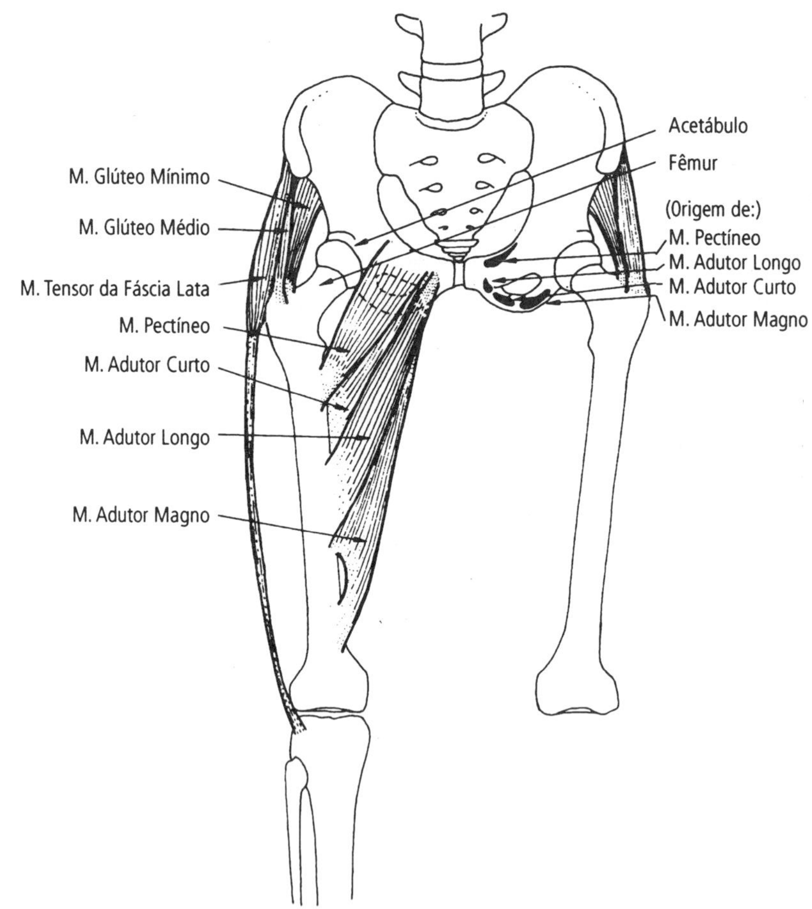

Vista anterior: músculos que ligam coxa e pelve

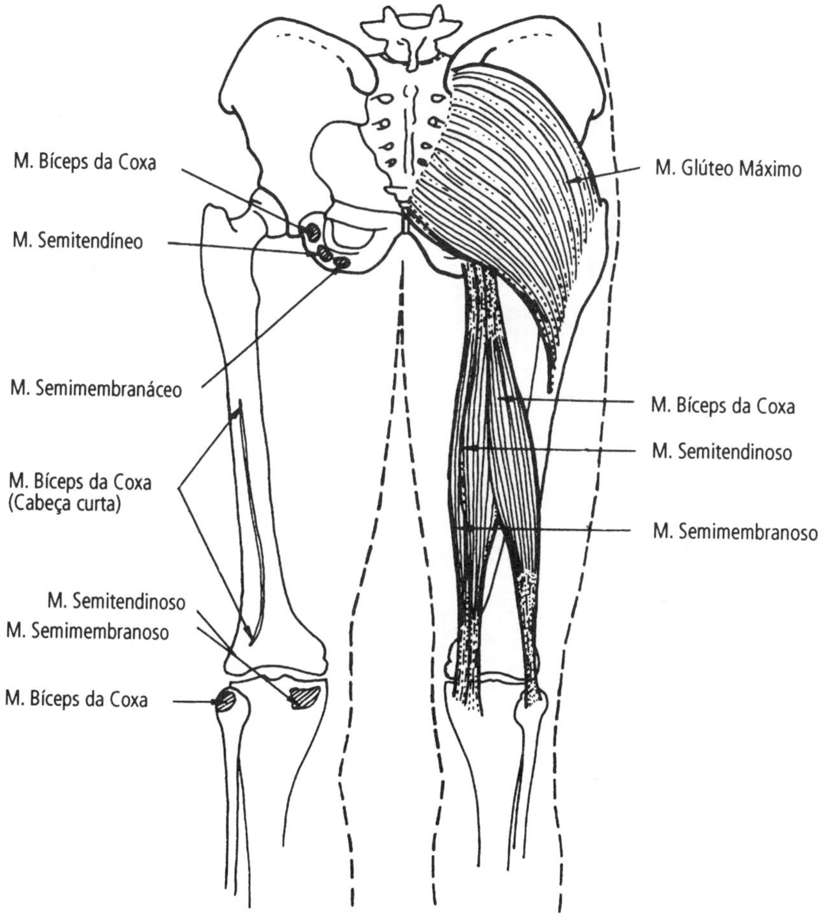

Visão posterior: isqueotibeais e glúteo máximo

3- Protusão de discos intervertebrais

Com base nas alterações degenerativas, uma hérnia de disco freqüentemente resulta de uma queda ou de uma violenta flexão enquanto levantando um peso. Embora qualquer nível da coluna espinhal possa ser envolvida, a grande maioria ocorre entre o disco da quarta e quinta vértebras lombares ou entre a quinta lombar e o sacro.

Os movimentos desta série são especialmente projetados para os desequilíbrios acima mencionados. Através destes exercícios obtêm-se bons resultados na diminuição dos sintomas, melhora da mobilidade e estabilidade das pernas e melhora nos casos de protusão do disco intervertebral.

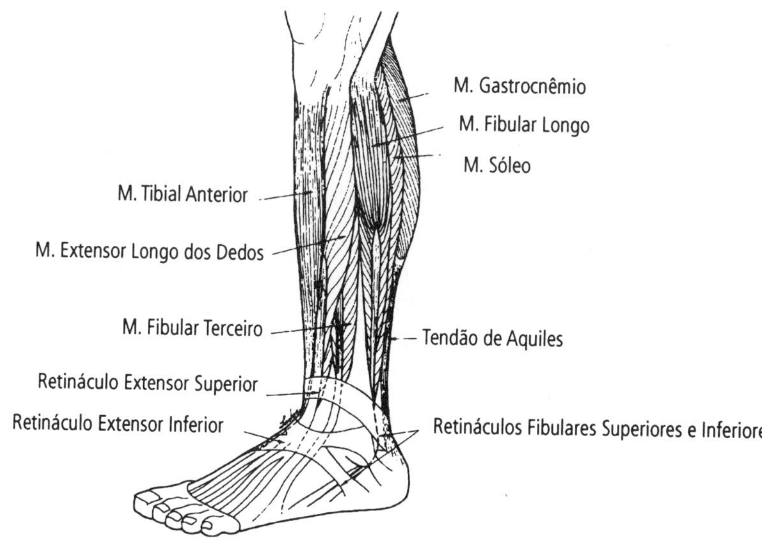

Visão lateral dos músculos da parte inferior da perna.

Rodar os Joelhos à Esquerda e Direita

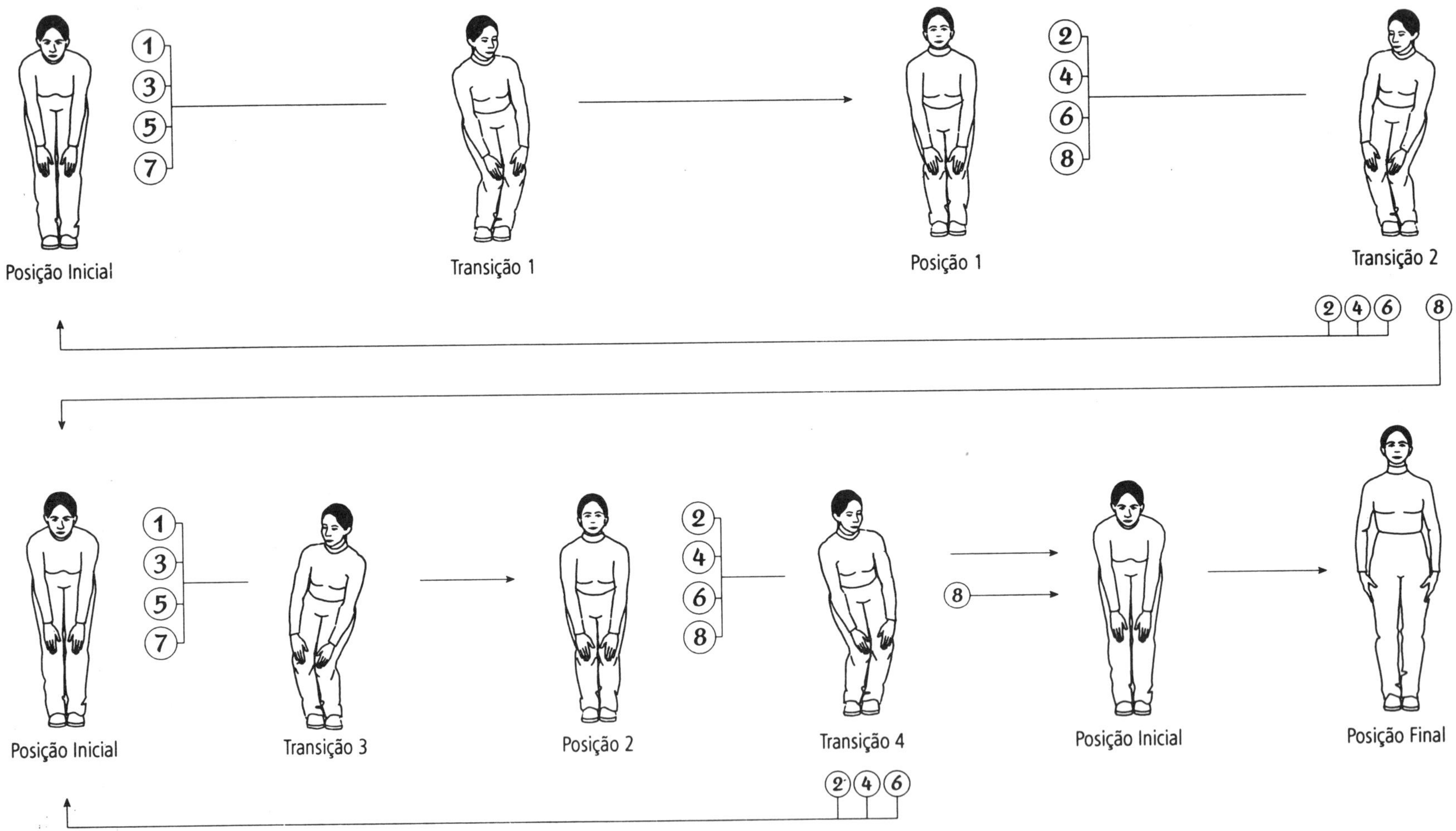

Rodar os Joelhos à Esquerda e à Direita

série 3 - exercício 1

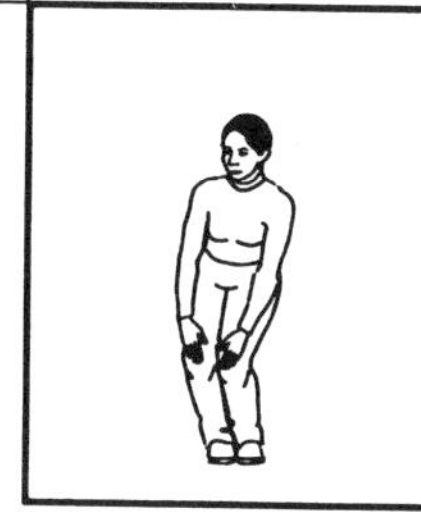

Execução do Movimento

Posição Inicial:

Pés juntos, flexionar o tronco para a frente e colocar as mãos sobre os joelhos estendidos. Olhar à frente.

(1) (3) (5) (7) Rodar o joelho à esquerda (Transição 1) e à frente (Posição 1).

(2) (4) (6) (8) Rodar o joelho à direita (Transição 2) e voltar à posição inicial.

Repetir o mesmo movimento para o outro lado.

(1) (3) (5) (7) Rodar o joelho à direita (Transição 3) e à frente (Posição 2).

(2) (4) (6) (8) Rodar o joelho à esquerda (Transição 4) e voltar à posição inicial.

Posição Final:

Erguer o corpo e abaixar os braços ao longo do corpo.

Requisitos para Execução

· Girar os joelhos lenta, contínua e vigorosamente descrevendo uma circunferência de amplitude o maior possível.

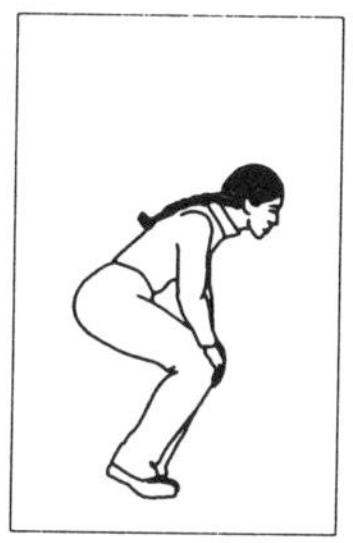

Evitar

1. Levantar os calcanhares do chão.

2. Desabar o tronco em cima das pernas.

Sensação na Execução

Alívio na articulação dos joelhos e tornozelos.

Indicação Terapêutica

Dores nas articulações dos joelhos e tornozelos. Fraqueza, lesão dos tecidos conectivos (coxim gorduroso) e lesões dos ligamentos colaterais internos e externos das articulações dos joelhos.

Objetivo

Os movimentos desta terapia são projetados para melhorar as funções das três grandes articulações das pernas, com ênfase no movimento circular dos joelhos.

Fortalece os músculos das coxas (quadríceps femoral e bíceps femoral, semitendinoso semimembranoso, entre outros) de forma da aumentar a flexibilidade dos ligamentos colaterais internos e externos da articulação dos joelhos, aumentando a estabilidade da articulação.

Atuação Terapêutica

Estabilização da articulação dos joelhos.

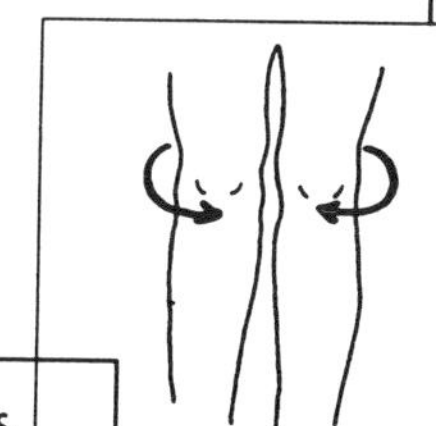

Terapia 13

Flexionar as Pernas e Girar o Tronco

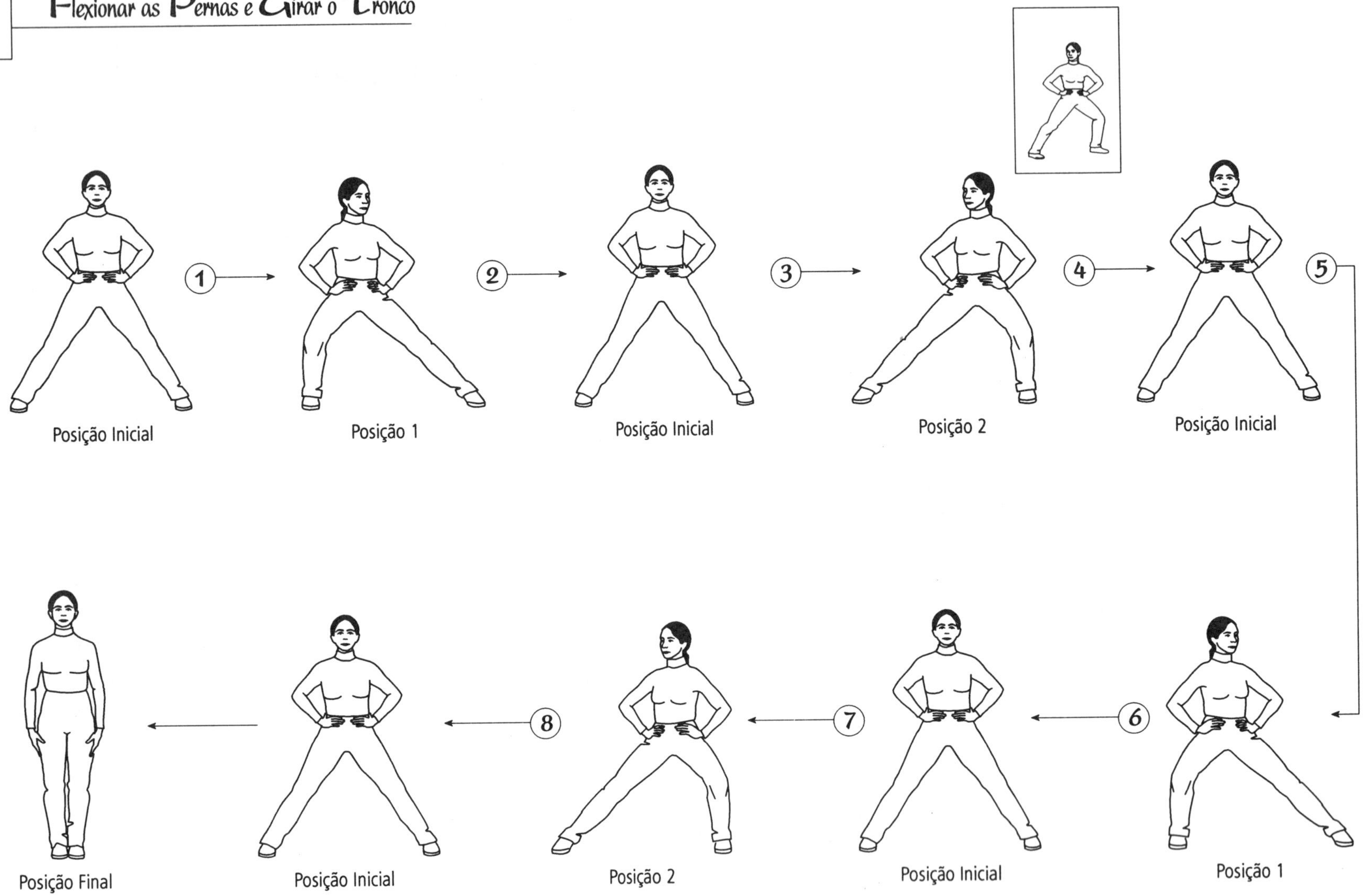

Flexionar as Pernas e Girar o Tronco

série 3 - exercício 2

Execução do Movimento

Posição Inicial:

Pés separados na largura de 2 ombros, mãos segurando a cintura e olhar à frente.

(1) (5) Flexionar a perna direita, mantendo a esquerda esticada, girando o tronco 45° à esquerda (Posição 1).

(2) (6) Voltar à posição inicial, estendendo a perna direita.

(3) (7) Flexionar a perna esquerda, mantendo a direita esticada, girando o tronco 45° à direita (Posição 2).

(4) (8) Voltar à posição inicial, estendendo a perna esquerda.

Posição Final:

Abaixar os braços ao longo do corpo, juntar os pés.

Requisitos para Execução

. Manter os pés amplamente afastados de forma a executar a postura das pernas adequadamente. As pontas dos pés devem estar paralelas e voltadas para a frente. Ao flexionar a perna e girar o tronco, deslocar o centro de gravidade e manter o joelho numa linha reta com a ponta do pé e perpendicular ao chão. O tronco deve estar ereto.

Evitar

1. Joelho flexionado desalinhado com a ponta do pé.

Sensação na Execução

Alívio na região média da coxa (músculos adutores) da perna esticada, e no músculo quadríceps femoral da perna arqueada.

Indicação Terapêutica

Dor na cintura, glúteos, pernas, dificuldade no movimento das articulações do quadril, joelhos e tornozelos, lesões dos músculos adutores, atrofia dos músculos das pernas causando dificuldade de caminhar.

Objetivo

Fortalece os músculos da coxa (músculos qradríceps femoral e adutores magno, longo e curto)

Melhorar a função de abdução e adução [1] das extremidades inferiores.

Estabilizar a articulação do quadril.

(1)

Abdução:
Refere-se ao movimento de afastar os membros da linha média do corpo

Adução:
Refere-se ao movimento de aproximar os membros da linha média do corpo.

Atuação Terapêutica

Músculo quadríceps femoral (a) e músculo adutor (b).

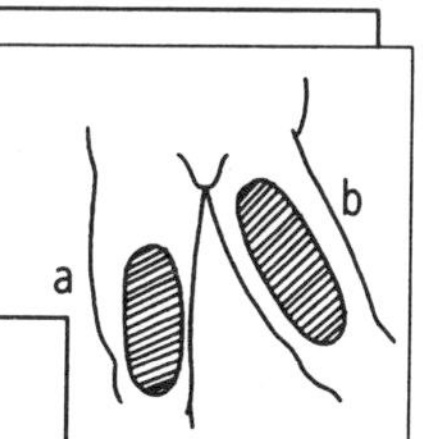

Terapia 14

Flexionar e Esticar as Pernas

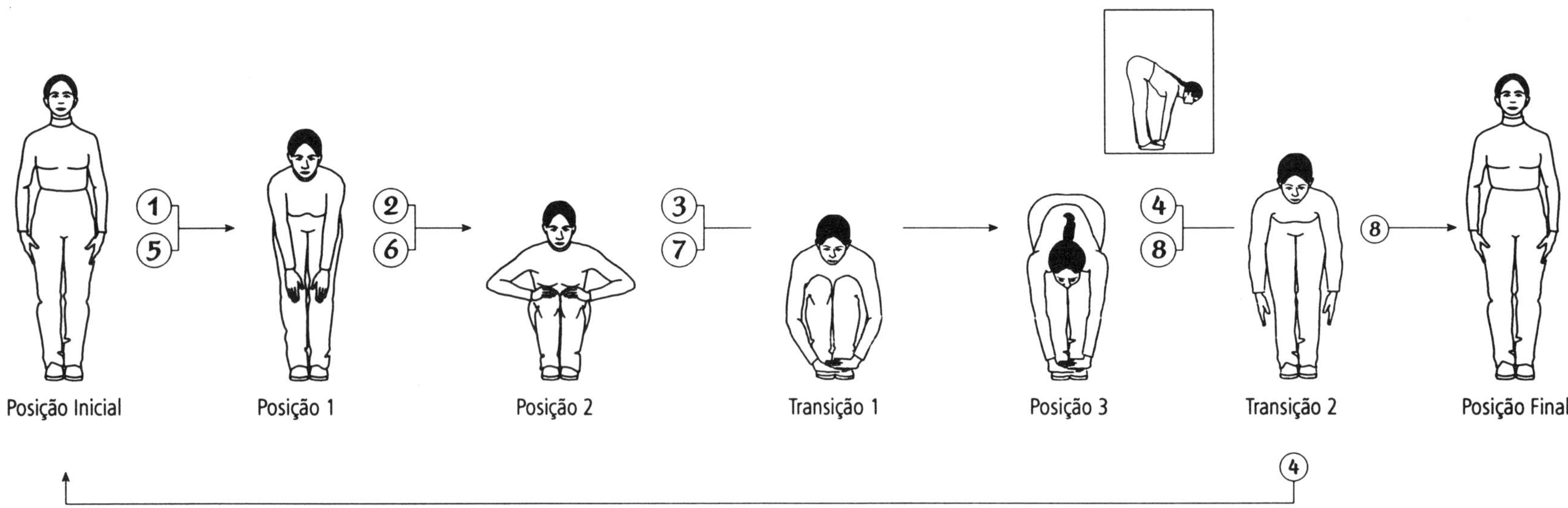

Flexionar e Esticar as Pernas

série 3 - exercício 3

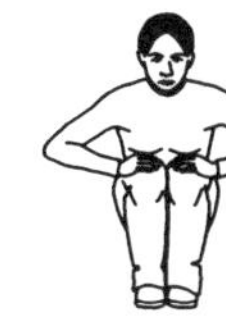

Execução do Movimento

Posição Inicial:

Pés juntos, braços ao longo do corpo.

(1) (5) Flexionar o tronco à frente e colocar as mãos sobre os joelhos estendidos olhando à frente (Posição 1).

(2) (6) Agachar, ficando de cócoras. As mãos permanecem sobre os joelhos, porém girando os cotovelos para fora de modo que os dedos fiquem voltados um de frente para o outro (Posição 2).

(3) (7) Colocar as palmas sobre o peito dos pés (no (3) mão esquerda embaixo e direita em cima e no (4) mão direita embaixo e esquerda em cima) (Transição 1). Pressionar os pés com as mãos, esticando os braços e as pernas e projetando as nádegas para o alto (Posição 3).

(4) (8) Voltar à posição inicial, erguendo o tronco com as mãos do lado do corpo (Transição 2).

Posição Final:

Idem à posição inicial.

Requisitos para Execução

. Relaxar os músculos das nádegas e pernas ao máximo ao agachar, olhando para frente.

. Ao esticar as pernas pressionando os pés com as palmas, a cabeça deve estar suspendida, com o olhar fixado em um ponto à frente no chão.

Evitar

1. Não esticar as pernas.

Sensação na Execução

Na postura de cócoras sente-se um alívio nos músculos anteriores das coxas e nas articulações dos joelhos. As esticar as pernas sente-se alívio nos músculos posteriores das coxas e pernas (panturrilhas).

Indicação Terapêutica

Atrofia muscular devido ao desuso resultante da dificuldade em movimentar os quadris, joelhos e dificuldade em flexionar e estender as extremidades inferiores. Ciática.

Objetivo

Exercitar os músculos glúteo máximo, bíceps femoral, semitendinoso, semimembranoso e gastrocnêmios.

Especialmente benéfico para os que sofrem de ciática.

Atuação Terapêutica

Nervo ciático.

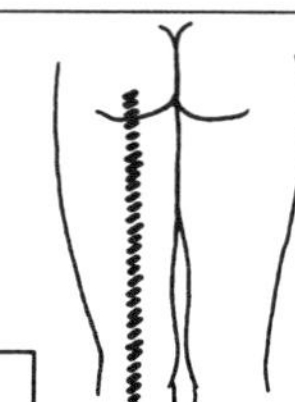

Terapia 15

Tocar os Joelhos e Levantar a Palma

Tocar os Joelhos e Levantar a Palma

série 3 - exercício 4

Execução do Movimento

Posição Inicial:

Pés separados na largura de um ombro e meio e braços ao longo do corpo.

(1) Flexionar o tronco à frente e tocar o lado medial do joelho esquerdo com os dedos da mão direita (Posição 1).

(2) (6) Assentar a bacia, flexionando as pernas e erguendo o tronco ereto (postura de "Montar a Cavalo"); levantar o braço esquerdo esticado pela frente do corpo com a palma voltada para baixo (Transição 1). A palma esquerda ao chegar acima da cabeça vira para cima com as pontas dos dedos voltados para trás. Acompanhar o movimento com o olhar (Posição 2).

(3) (7) Esticar as pernas, flexionando o tronco à frente e abaixar o braço esquerdo, cruzando com o direito, tocando o joelho direito com os dedos da mão esquerda (Posição 3).

(4) (8) Assentar a bacia, flexionando as pernas e erguendo o tronco ereto (postura de "Montar a Cavalo"); levantar o braço direito esticado pela frente do corpo com a palma voltada para baixo. A palma direita ao chegar acima da cabeça vira para cima com as pontas dos dedos voltadas para trás. Acompanhar o movimento com o olhar (Posição 4).

(5) Esticar as pernas, flexionando o tronco à frente, e abaixar o braço direito, cruzando com o esquerdo; tocar o joelho esquerdo com os dedos da mão direita (Posição 5).

Posição Final:

Abaixar o braço direito, juntando o pé esquerdo ao direito.

Requisitos para Execução

· Afastar os pés na largura adequada (uma largura e meia dos ombros), tocar o joelho de forma correta.

· Na posição de "Montar a Cavalo" o peso do corpo está colocado no centro das duas pernas.

Evitar

1. Projetar os glúteos.
2. Inclinar o tronco.

Sensação na Execução

Alívio nos músculos gêmeos de ambas as pernas e também na região da cintura, ombros e pescoço.

Indicação Terapêutica

Dores no pescoço, ombros, cintura e pernas e atrofia dos músculos das extremidades inferiores.

Objetivo

Esta terapia se caracteriza pela realização da postura de "Montar a Cavalo"[(1)], fundamental nas artes guerreiras tradicionais chinesas (Wu-Shu).

Fortalecer a potência do músculo quadríceps femoral das coxas e melhora a estabilidade das três grandes articulações das extremidades inferiores (quadril, joelhos e tornozelos).

[(1)] Postura de Montar a Cavalo: As coxas formam um arco arredondado, como se estivesse montado no dorso de um cavalo.

Atuação Terapêutica

Músculo quadríceps femoral.

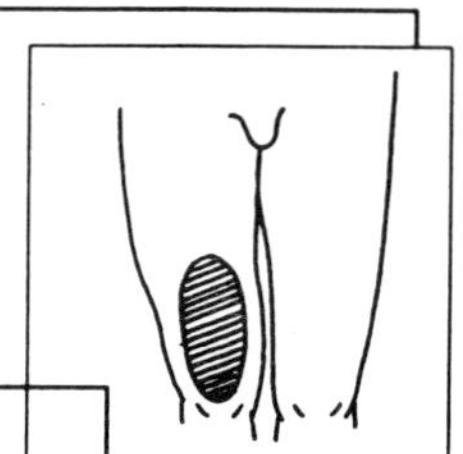

Terapia 16

Abraçar o Joelho contra o Peito

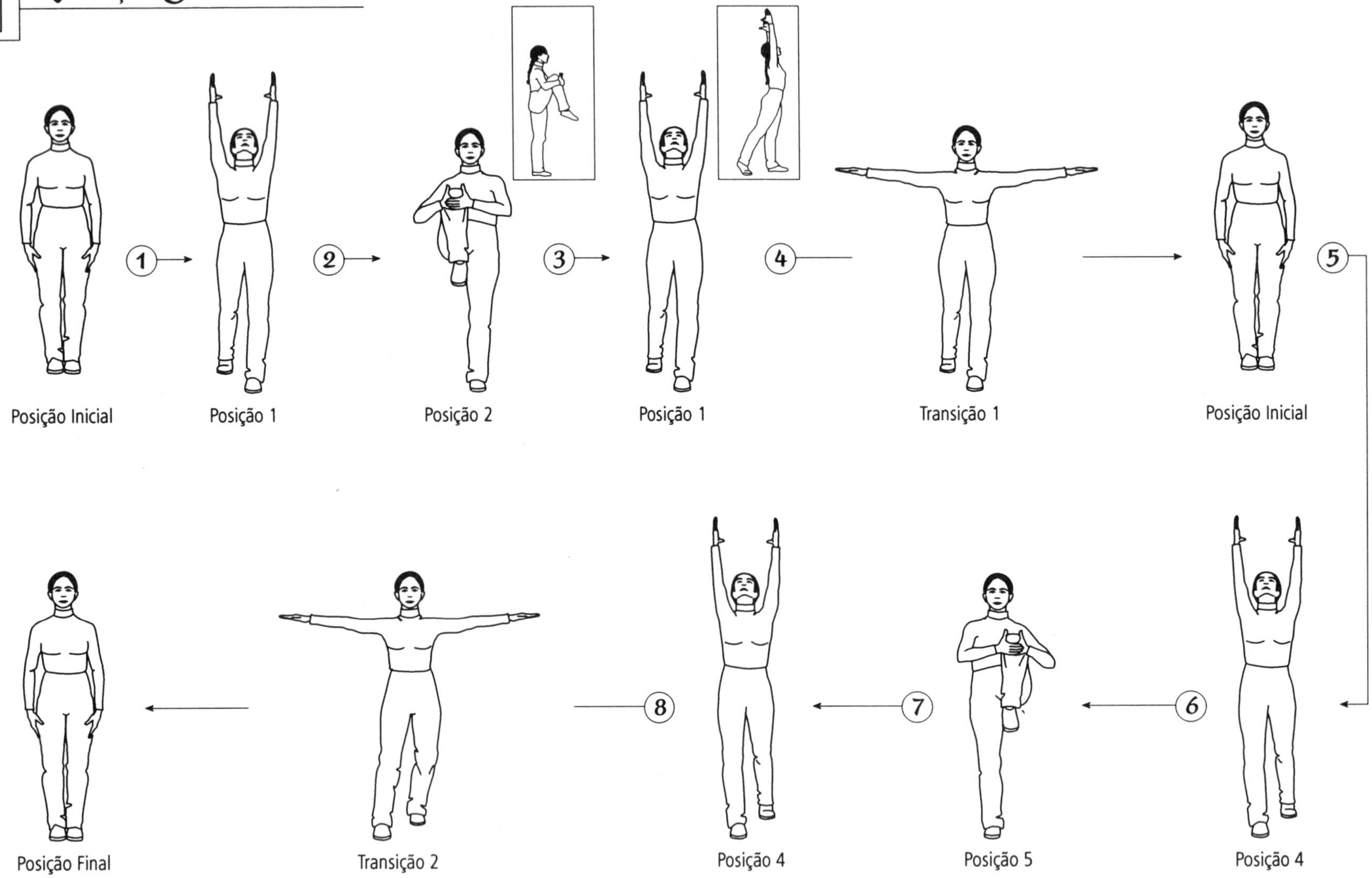

Abraçar o Joelho contra o Peito

série 3 - exercício 5

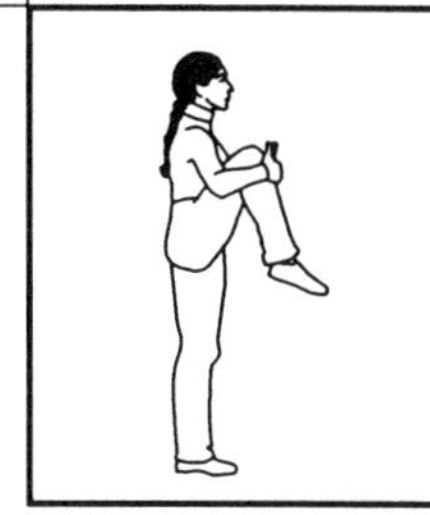

Execução do Movimento

Posição Inicial:
Pés juntos, braços soltos ao longo do corpo.

(1) Dar um passo à frente com o pé esquerdo deslocando o peso para a perna esquerda, enquanto a perna direita estica e levanta o calcanhar direito. Simultaneamente os braços se erguem à frente do corpo com as palmas voltadas uma para a outra até acima da cabeça, a qual se ergue olhando para cima (Posição 1).
(2) Abaixar os braços lateralmente erguendo o joelho direito. Abraçar o joelho direito com ambas as mãos e segurando-o, abraçando-o contra o peito (Posição 2).
(3) Pousar o pé direito atrás erguendo os braços e a cabeça (Posição 1).
(4) Deslocar o peso para a perna de trás e abaixar os braços lateralmente, juntando o pé esquerdo ao direito(Transição 1), voltando à posição inicial.
(5) Dar um passo à frente com o pé direito deslocando o peso para a perna direita, enquanto a perna esquerda estica e levanta o calcanhar esquerdo. Simultaneamente os braços se erguem à frente do corpo com as palmas voltadas uma para a outra até acima da cabeça, a qual se ergue olhando para cima (Posição 4).
(6) Abaixar os braços lateralmente erguendo o joelho esquerdo. Abraçar o joelho esquerdo com ambas as mãos e segurá-lo contra o peito (Posição 5).
(7) Pousar o pé esquerdo atrás erguendo os braços e a cabeça (Posição 4).
(8) Deslocar o peso para a perna de trás e abaixar os braços lateralmente (Transição 2), juntando o pé direito ao esquerdo.

Posição Final:
Idem à posição inicial

Requisitos para Execução

Alinhar corretamente o centro de gravidade. Abraçar o joelho o mais próximo possível do peito, mantendo a perna de apoio estendida.

Sensação na Execução

Ao abraçar o joelho contra o peito, sente-se um alívio nos músculos posteriores da perna de apoio e nos músculos anteriores da perna flexionada.

Objetivo

Fortalecer os músculos glúteos máximo e extensores das pernas, melhorando a estabilidade do corpo e aumentar a amplitude de flexão da articulação do quadril.

Indicação Terapêutica

Dores nas nádegas e pernas, dificuldade na flexão e extensão das pernas.

Evitar

1. Dar um passo muito largo à frente.
2. Curvar o tronco quando abraçar o joelho.

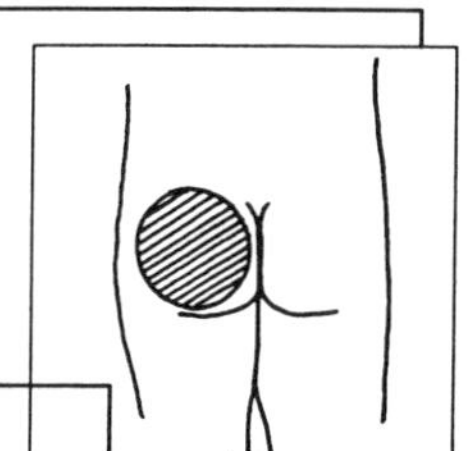

Atuação Terapêutica

Músculos dos glúteos.

Terapia 17

Passos Marciais

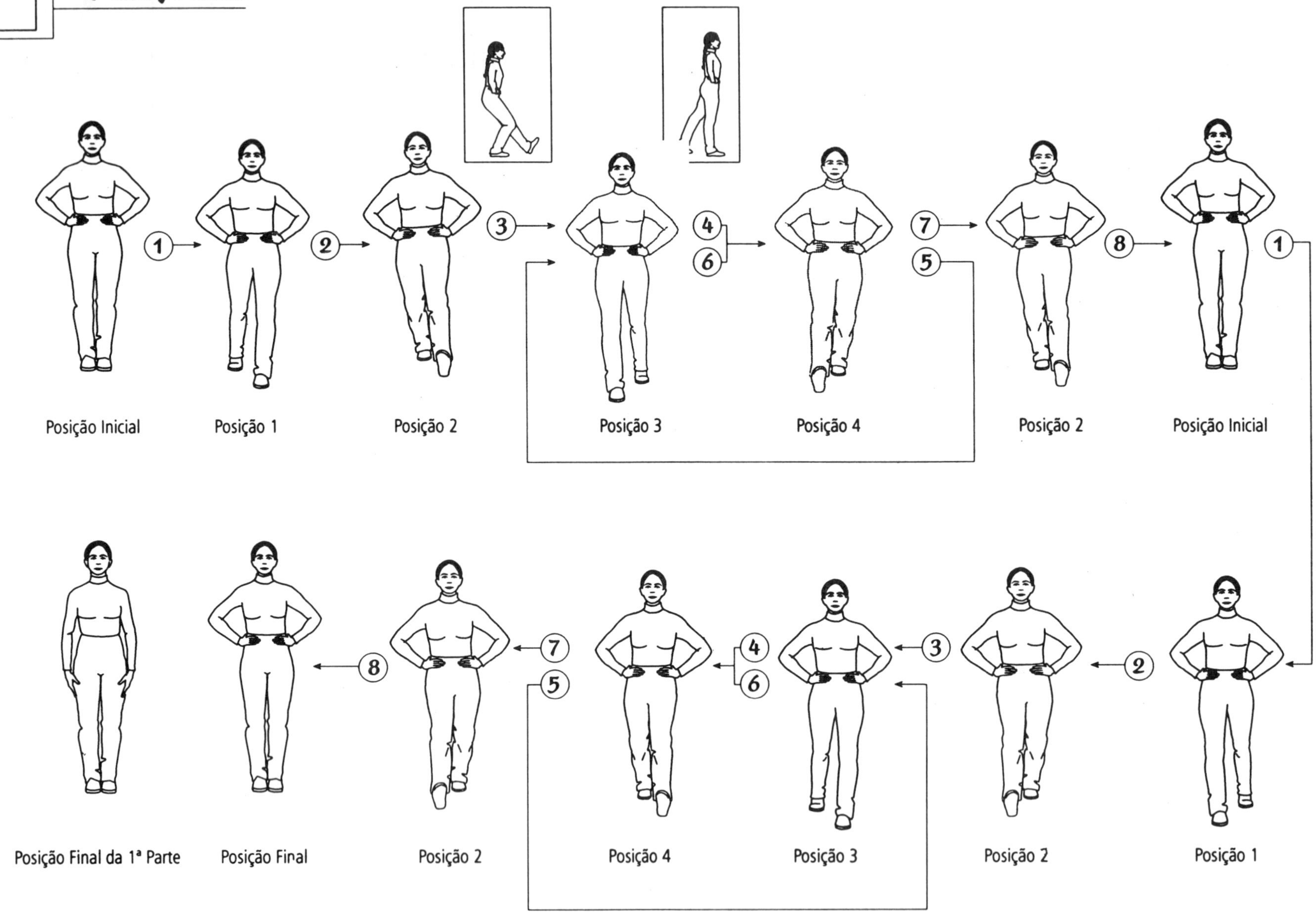

Passos Marciais

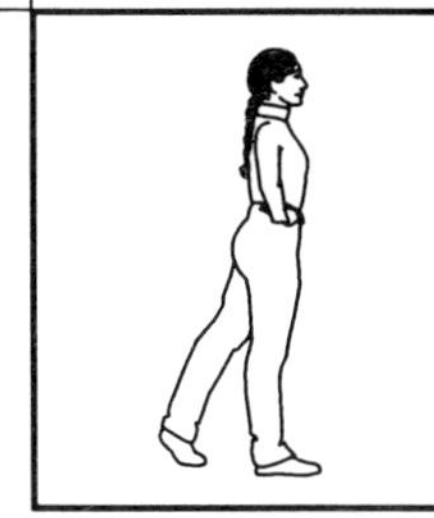

série 3 - exercício 6

Execução do Movimento

Posição Inicial:
Pés juntos, mãos segurando a cintura.

(1) Avance um passo com o pé esquerdo deslocando o peso para a perna esquerda e levantando o calcanhar direito (Posição 1).
(2) Sentar na perna de trás (direita), flexionando-a e levantando a ponta do pé da frente (esquerdo) (Posição 2).
(3) Avance um passo com o pé direito deslocando o peso para a perna direita, levantando o calcanhar esquerdo (Posição 3).
(4) Sentar na perna de trás (esquerda) erguendo a ponta do pé direito (Posição 4).
(5) Deslocar o peso da frente (perna direita), levantando o calcanhar esquerdo (Posição 3).
(6) Sentar na perna de trás (esquerda), erguendo a ponta do pé direito (Posição 4).
(7) Recuar o pé direito, sentando sobre a perna direita e levantando a ponta do pé esquerdo (Posição 2).
(8) Juntar o pé esquerdo ao pé direito.

Repetir todos os movimentos acima, iniciando com o pé direito.

Posição Final:
Pés juntos, abaixar os braços ao longo do corpo.

Requisitos para Execução

. Distinguir passo "cheio" de passo "vazio", deslocando adequadamente o centro de gravidade de uma perna para outra.

. Ao avançar o peso se desloca para perna da frente e o peito se expande. Ao recuar, o peso se transfere para a perna de trás, que flexionada sustenta o quadril assentado, com a dorsal levemente arredondada e o peito solto.

Sensação na Execução

Sensibilidade na perna e tornozelo na qual incide o peso do corpo.

Objetivo

Permite coordenação das atividades musculares das pernas e a percepção dos passos "cheio" e "vazio".(1)

Indicação Terapêutica

Dores nas pernas e limitação dos movimentos de suas articulações.

(1)
"Cheio":
Quando a perna sustenta a maior parte do peso do corpo, atuando como eixo.
"Vazio":
Quando a perna está quase sem o peso do corpo, atuando como pivô.

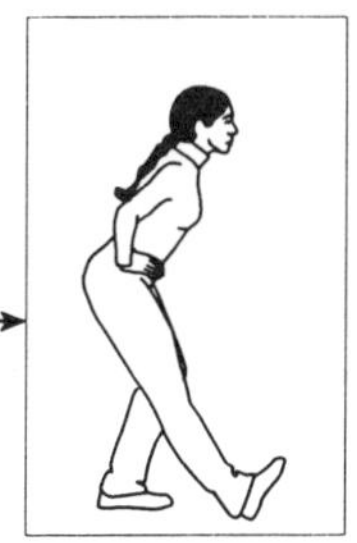

Evitar

1. Inclinar o tronco no passo "vazio".

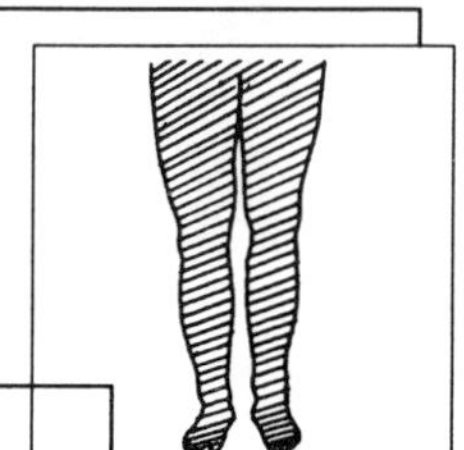

Atuação Terapêutica

Atividades musculares da perna.

Terapia 18

"Trinta raios sustentam o eixo de uma roda
Sirva-se da roda, mas é o vazio do seu eixo que torna possível o uso
Modele uma massa de argila numa vasilha
Sirva-se da vasilha para utilizar o vazio de seu bojo
Abra portas e janelas nas paredes de uma casa
Sirva-se da casa para utilizar o vazio de seu interior
O Homem serve-se da forma para utilizar o vazio."

Dao De Jing

Introdução

As dores nas articulações das extremidades são usualmente produzidas por inflamações dos tecidos moles. As ARTRITES (do grego **arthron**-articulação; itis-inflamação) causam uma alteração que se difunde, afetando a articulação como um todo. Os sintomas da artrite são geralmente: dor, aumento de volume e edema das articulações envolvidas. Se uma articulação não estiver edemaciada e se movimentar livremente e sem dor, é muito improvável que haja uma artrite. Existem várias classes de artrite, sendo as mais comuns a osteoartrite e a artrite reumatóide.

a) Osteoartrite:

Freqüentemente ocorre em adultos com mais de quarenta anos. É causada pelo desgaste. Uma articulação que não foi colocada sob "pressão" nunca contrairá osteoartrite. Dessa maneira, as articulações dos membros superiores menos sujeitas à carga são menos propensas a osteoartrite do que as articulações pesadamente carregadas dos membros inferiores. Quase sempre, entretanto, existe uma causa predisponente que acelera o processo de desgaste. Qualquer anormalidade de uma articulação pode ser indiretamente responsável pelo desenvolvimento da osteoartrite, muitos anos mais tarde.

Qualquer articulação pode ser afetada, sendo a do quadril a mais freqüente. A deformidade é um quadro comum nos estágios avançados.

b) Artrite Reumatóide:

É uma inflamação crônica que ataca várias articulações ao mesmo tempo. Ocorre em adultos, jovens e pessoas de meia idade. Qualquer articulação pode ser afetada, mas a incidência é mais alta nas articulações periféricas, como a das mãos, do pulso, dos pés, dos joelhos e dos cotovelos. O início é gradativo, com o aumento da dor e edema da articulação. Logo, várias outras articulações são igualmente afetadas. A dor e a dificuldade de movimentação geralmente ficam piores quando a atividade é reassumida após o repouso.

A membrana sinovial, que protege a articulação, fica espessada pelas alterações inflamatórias crônicas. Numa evolução posterior, a cartilagem articular fica amolecida e erosada, e nos casos de longa duração pode haver pequenas erosões na porção terminal do osso. Se a doença permanecer ativa durante meses ou anos, a articulação poderá ficar permanentemente danificada.

Os exercícios desta série foram elaborados para tratar e prevenir os problemas acima mencionados nas articulações das extremidades. Os seus movimentos aliviam os sintomas de dor, os espasmos musculares ao redor e melhoram a função de movimentação das articulações.

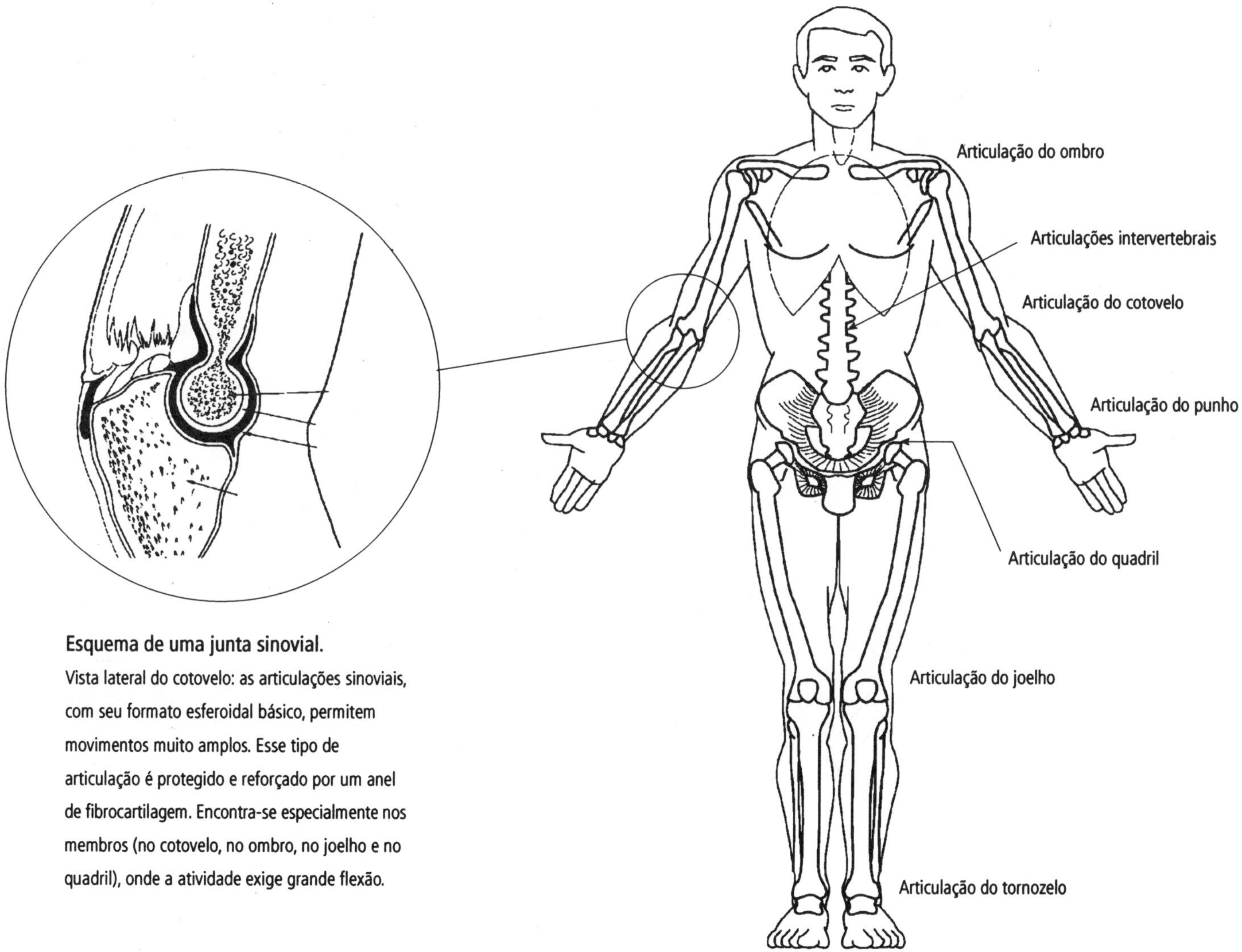

Esquema de uma junta sinovial.

Vista lateral do cotovelo: as articulações sinoviais, com seu formato esferoidal básico, permitem movimentos muito amplos. Esse tipo de articulação é protegido e reforçado por um anel de fibrocartilagem. Encontra-se especialmente nos membros (no cotovelo, no ombro, no joelho e no quadril), onde a atividade exige grande flexão.

Flexionar as Pernas e Projetar as Palmas

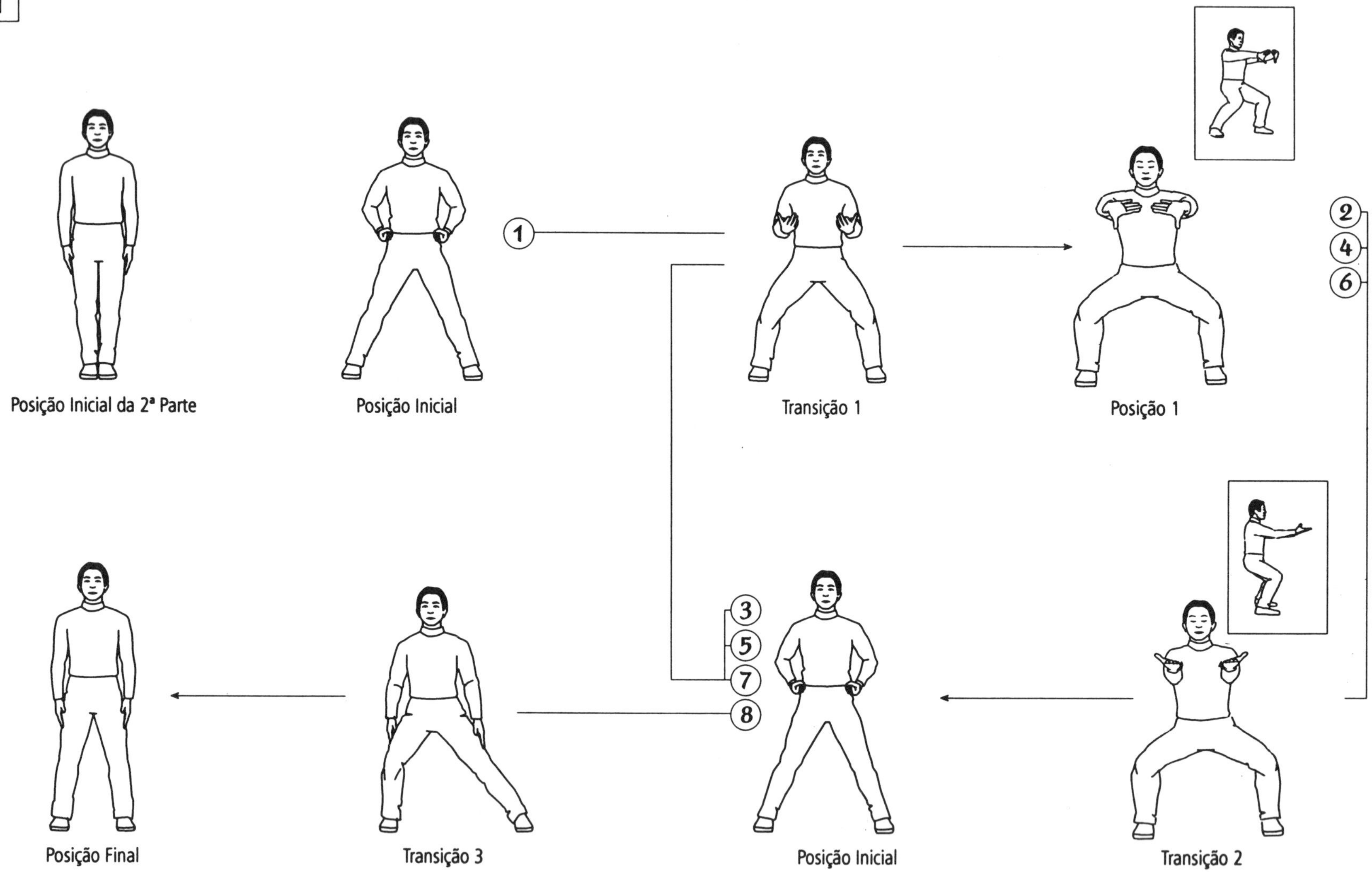

Flexionar as Pernas e Projetar as Palmas

série 4 - exercício 1

Execução do Movimento

Posição Inicial:

Pés separados na largura de um ombro e meio e punhos posicionados ao lado da cintura.

(1) (3) (5) (7) Flexionar as pernas na postura de "Montar a Cavalo", girando os punhos para fora, abrindo-os em forma de palmas (Transição 1) e impulsionando-os para a frente até ficarem com as palmas voltadas para fora e as pontas dos dedos das mãos uma de frente para a outra (Posição 1).

(2) (4) (6) (8) Virar as palmas para cima (Transição 2) e voltar à posição inicial; recolher os braços, fechando as palmas em forma de punhos e estendendo as pernas. Voltar à posição inicial.

Posição Final:

Recolher o pé esquerdo meio passo (Transição 3) e abaixar os braços ao longo do corpo.

Requisitos para Execução

Impulsionar as palmas para a frente gradativamente com firmeza e vigor, flexionando a palma do lado dorsal (punhos estendidos) na amplitude máxima possível sem curvar os cotovelos.

Sensação na Execução

Alívio no dorso dos punhos e músculos quadríceps femoral de ambas as coxas.

Objetivo

Exercitar as articulações dos braços e pernas (punhos, cotovelos, quadris, joelhos, tornozelos e articulações interfalangianas).

Melhorar as funções dos ligamentos, tendões e fortalecer os músculos dos braços e pernas.

Indicação Terapêutica

Dores nas articulações das pernas (principalmente joelhos) e braços.

Evitar

1. Inclinar o tronco à frente.
2. Erguer os ombros.
3. Lordose.

Atuação Terapêutica

Articulações interfalangianas (a), punho (b) e cotovelo (c).

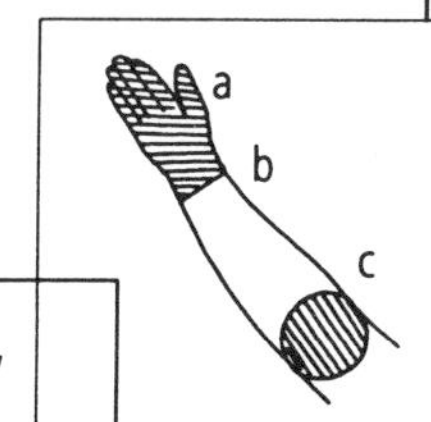

Terapia 1

Cruzar as Pernas e Projetar a Palma

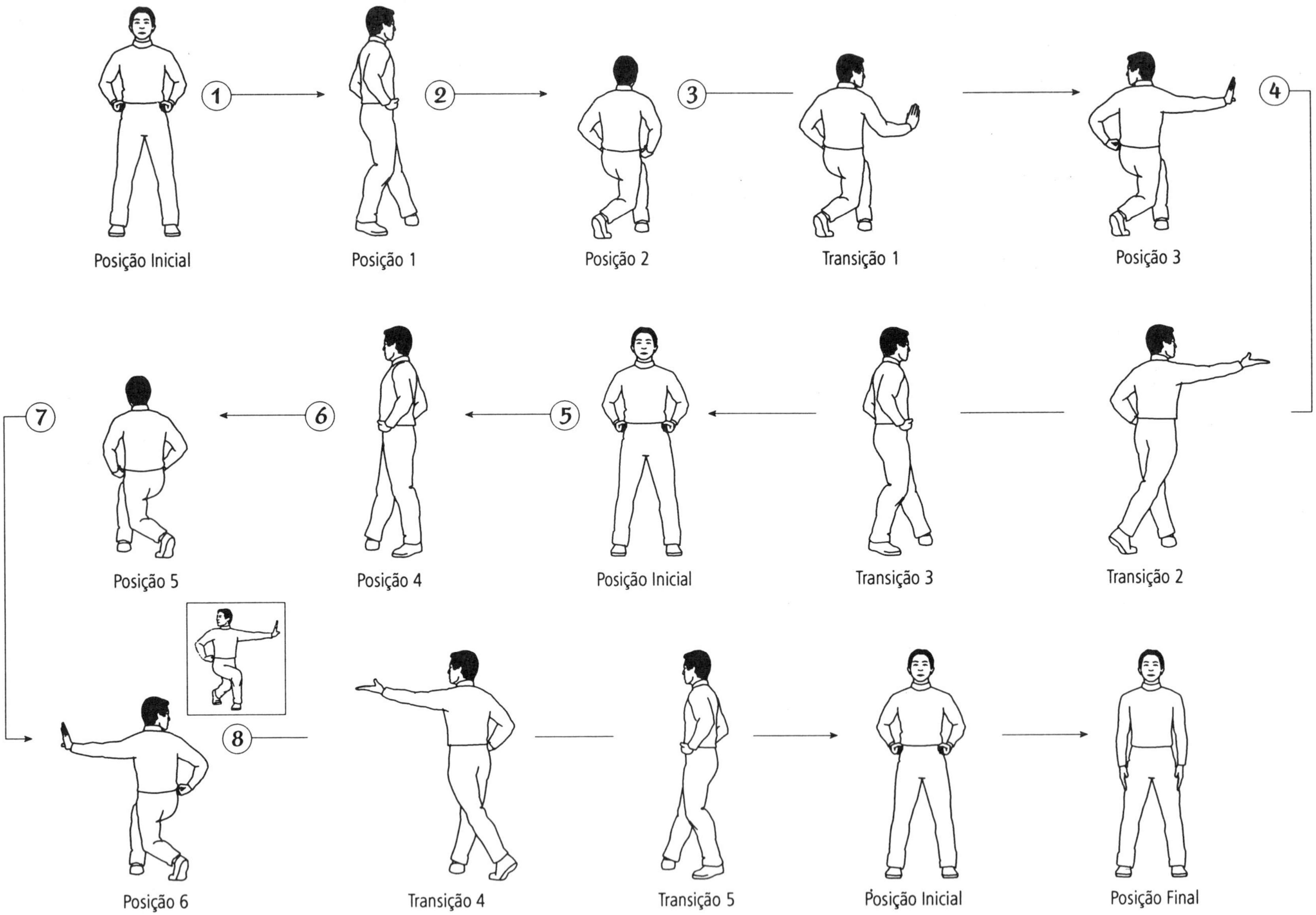

Cruzar as Pernas e Projetar a Palma

série 4 - exercício 2

Execução do Movimento

Posição Inicial:

Pés separados na largura dos ombros e punhos posicionados na cintura.

(1) Girar a ponta do pé direito para dentro 45° e a ponta do pé esquerdo para fora 180° (Posição 1).

(2) Girar o tronco 180° para trás, apoiando-se na perna esquerda e suspendendo o calcanhar direito, e cruzar a perna direita por trás da esquerda. Flexionar as pernas cruzando o joelho direito por trás do esquerdo (Posição 2).

(3) Impulsionar a palma direita estendendo o braço (Transição 1) e puxar o punho esquerdo levando o cotovelo esquerdo no sentido contrário. Olhar à esquerda (Posição 3).

(4) Erguer o corpo, virando e recolhendo a palma direita (Transição 2). Pousar o calcanhar direito no chão (Transição 3). Virar a ponta do pé esquerdo para a frente e a seguir a ponta do pé direito. Retornar à posição inicial.

(5) Girar a ponta do pé esquerdo para dentro 45° e a ponta do pé direito para fora 180° (Posição 4).

(6) Girar o tronco 180° para trás, apoiando-se na perna direita e suspendendo o calcanhar esquerdo, cruzar a perna esquerda por trás da direita. Flexionar as pernas cruzando o joelho esquerdo por trás do direito (Posição 5).

(7) Impulsionar a palma esquerda estendendo o braço e puxar o punho direito levando o cotovelo direito no sentido contrário. Olhar à direita (Posição 6).

(8) Erguer o corpo, virando e recolhendo a palma esquerda (Transição 4). Pousar o calcanhar esquerdo no chão (Transição 5). Virar a ponta do pé direito para a frente e a seguir a ponta do pé esquerdo. Retornar à posição inicial.

Posição Final:

Abaixar os braços ao longo do corpo.

Requisitos para Execução

.Posicionar adequadamente o centro de gravidade no eixo central do corpo ao cruzar e flexionar as pernas, para permitir o equilíbrio.

.Os joelhos devem ficar próximos um do outro, ao cruzar as pernas.

Sensação na Execução

Alívio nas articulações dos joelhos e tornozelos, e nas pernas.

Objetivo

Praticar os movimentos de dobrar e estender as três grandes articulações das pernas (quadris, joelhos e tornozelos).

A postura de "joelhos cruzados" é uma postura básica das artes guerreiras na China.

Indicação Terapêutica

Dores e fraqueza nas articulações das pernas, braços, pescoço, ombros e cintura.

Evitar

1. Inclinar o tronco.
2. Que os joelhos fiquem muito separados ao cruzar as pernas.

Atuação Terapêutica

Quadril (a), joelho (b) e tornozelo (c).

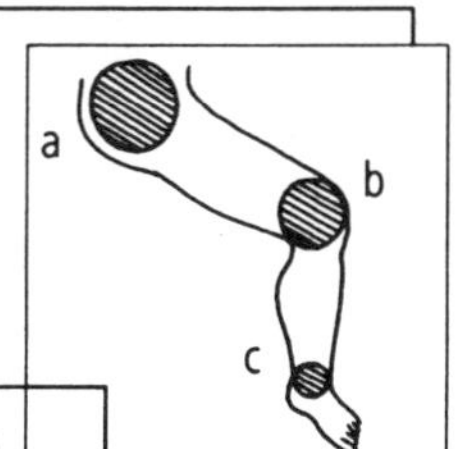

Terapia 2

Circulando de Cima para Baixo

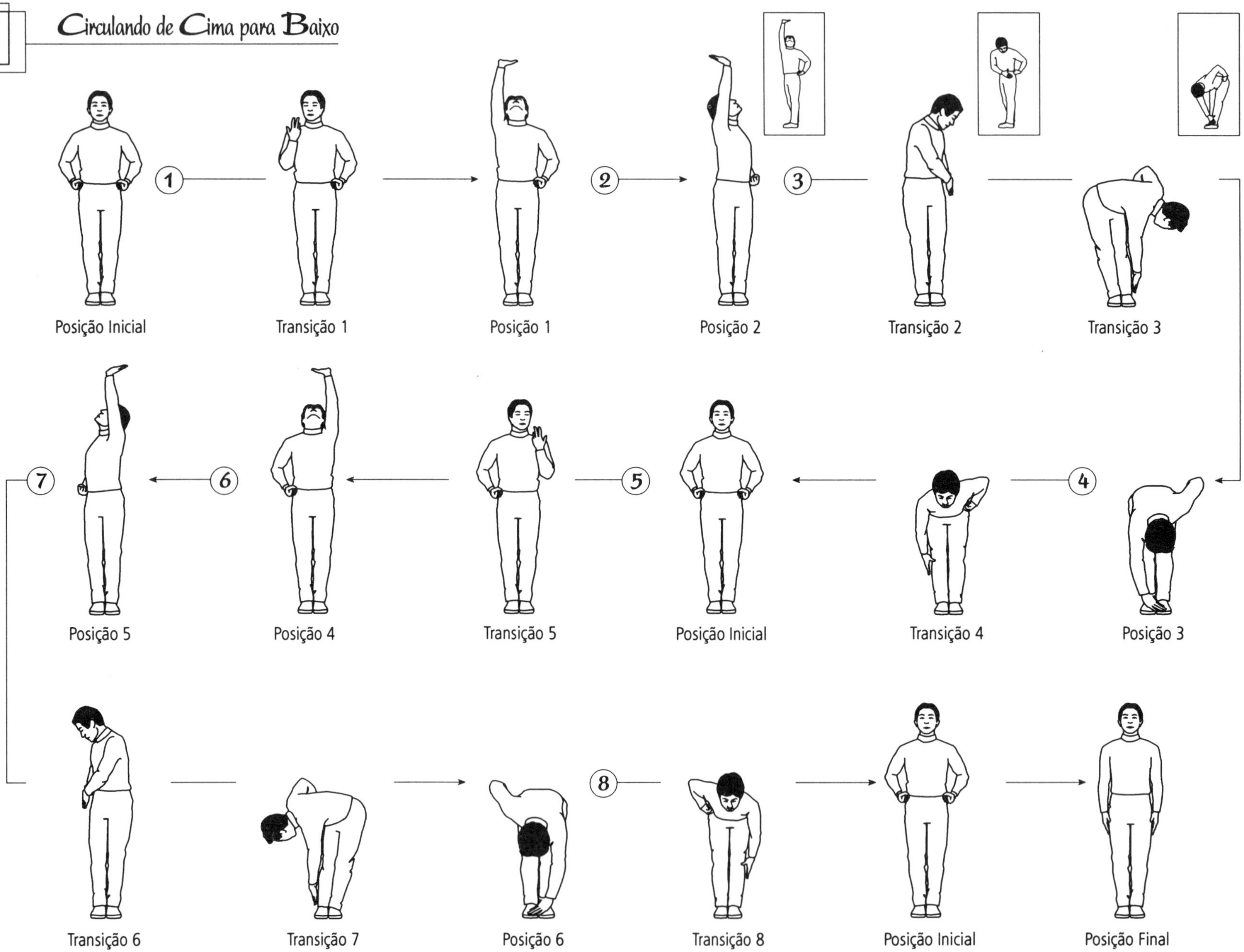

Circulando de Cima para Baixo

série 4 - exercício 3

Execução do Movimento

Posição Inicial:
Pés juntos, punhos posicionados na altura da cintura.

(1) Erguer o braço direito, abrindo o punho em forma de palma (Transição 1), e impulsioná-la para cima da cabeça com os dedos voltados para trás. O olhar acompanha o movimento (Posição 1).

(2) Girar o tronco à esquerda 90° mantendo o tronco e o braço direito eretos (Posição 2).

(3) Abaixar a palma direita pelo lado esquerdo do corpo passando pela cintura (Transição 2), tornozelo (Transição 3), dorso dos pés (Posição 3), até o lado externo do tornozelo direito.

(4) Erguer o tronco reto com a palma direita passando pelo lado externo da perna esquerda (Transição 4) e voltar à posição inicial.

(5) Erguer o braço esquerdo, abrindo o punho em forma de palma (Transição 5) e impulsioná-la para cima da cabeça com os dedos voltados para trás. O olhar acompanha o movimento (Posição 4).

(6) Girar o tronco à direita 90° mantendo o tronco e o braço esquerdo eretos (Posição 5).

(7) Abaixar a palma esquerda pelo lado direito do corpo passando pela cintura (Transição 6), tornozelo (Transição 7), dorso dos pés (Posição 6), até o lado externo do tornozelo esquerdo.

(8) Erguer o tronco reto com a palma esquerda passando pelo lado externo da perna direita (Transição 8) e voltar à posição inicial.

Posição Final:
Abaixar os braços ao longo do corpo.

Requisitos para Execução

· Enquanto estende o braço e impulsiona a palma para cima, manter o tronco ereto e o olhar no dorso da mão.

· Ao torcer o tronco, manter o braço reto próximo da orelha.

· Ao flexionar o tronco, manter a cabeça levantada e as pernas esticadas.

Sensação na Execução

Alívio nos ombros, costas, cintura e pernas.

Objetivo

Dragar e limpar os meridianos de forma a permitir um movimento livre do qi e do sangue [1], através dos movimentos ativos das articulações dos braços e pernas.

Indicação Terapêutica

Dores nos ombros, costas, cintura e pernas.

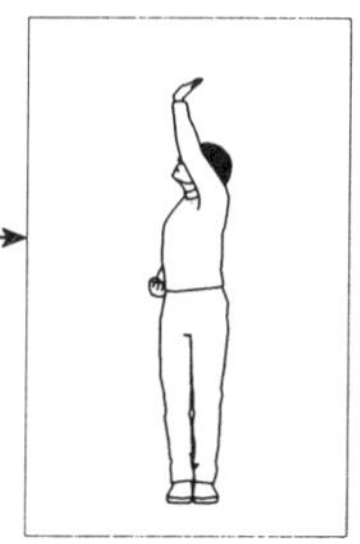

Evitar

1. Curvar o cotovelo.
2. Relaxar as pernas.

(1) De acordo com a teoria dos meridianos, do qi e do sangue, na Medicina Tradicional Chinesa, as dores nas articulações são causadas pela obstrução dos meridianos, causando o retardo dos movimentos do qi e estagnação do sangue.

Atuação Terapêutica

Circular o qi e o sangue.

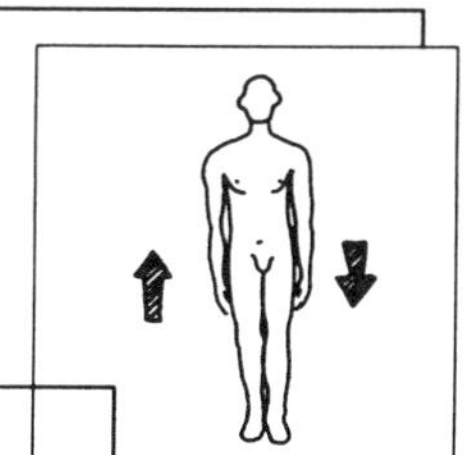

Terapia 3

Girar o Tronco e Olhar para Trás

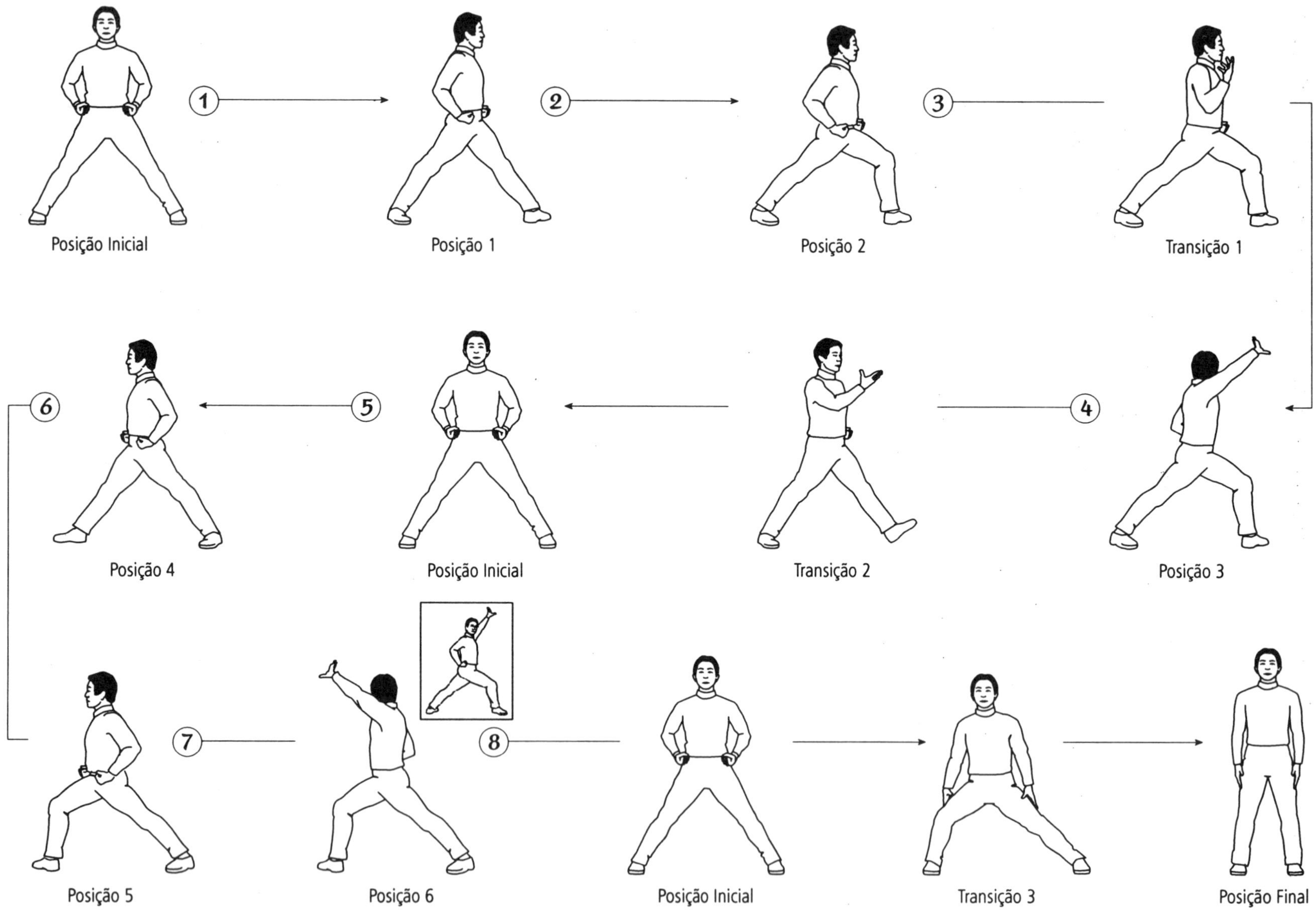

Girar o Tronco e Olhar para Trás

Execução do Movimento

Posição Inicial:
Pés separados na largura de dois ombros, punhos colocados na cintura.

(1) Girar consecutivamente a ponta do pé direito para dentro (à esquerda) 45° e a ponta do pé esquerdo para fora 135° (Posição 1).

(2) Flexionar o joelho esquerdo e esticar a perna direita mantendo o tronco ereto (Posição 2).

(3) Abrir a mão direita impulsionando a palma para a frente e para cima, traçando uma linha reta com a perna direita (Transição 1). Os dedos das mãos estão virados para a esquerda e a cabeça gira à esquerda, olhando para trás (Posição 3).

(4) Recolher o braço direito, fechando a palma em forma de punho e girando a ponta do pé esquerdo para a frente (Transição 2) e logo a seguir o direito, voltando à posição inicial.

(5) Girar consecutivamente a ponta do pé esquerdo para dentro (à direita) 45° e a ponta do pé direito para fora 135° (Posição 4).

(6) Flexionar o joelho direito e esticar a perna esquerda mantendo o tronco ereto (Posição 5).

(7) Abrir a mão esquerda impulsionando a palma para a frente e para cima, traçando uma linha reta com a perna esquerda. Os dedos das mãos estão virados para a direita e a cabeça gira à direita, olhando para trás (Posição 6).

(8) Recolher o braço esquerdo, fechando a palma em forma de punho e girando a ponta do pé direito para a frente e logo a seguir o esquerdo, voltando à posição inicial.

Posição Final:
Abaixar os braços ao longo do corpo e aproximar o pé esquerdo do direito um passo (Transição 3).

Requisitos para Execução

· Abertura correta dos pés (duas larguras dos ombros);

· Ao impulsionar a palma girando o tronco, olhar para trás, mantendo o braço e a perna de trás estendidos, sem curvar o joelho nem tirar a planta do pé do chão.

Evitar

1. Inclinar o tronco com a perna da frente esticada.

Sensação na Execução

Alívio para o pescoço, ombros, cintura e pernas.

Indicação Terapêutica

Dores nas articulações dos braços, pernas, pescoço, ombros, costas e cintura.

Objetivo

Exercitar a mobilidade das articulações dos punhos, cotovelos, joelhos e tornozelos.

Exercitar a coordenação das diferentes articulações dos braços e pernas.

Atuação Terapêutica

Punho (a), cotovelo (b), ombro (c), quadril (d), joelho (e) e tornozelo (f).

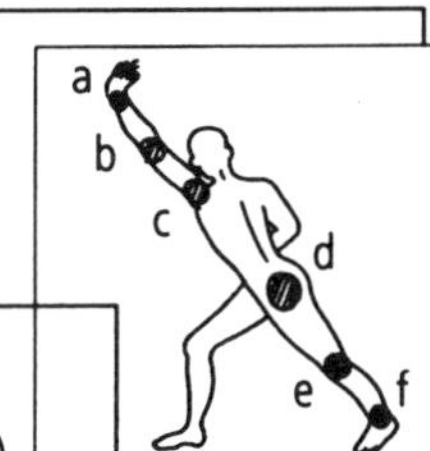

Terapia 4

Esticar o Calcanhar Esquerdo e Direito

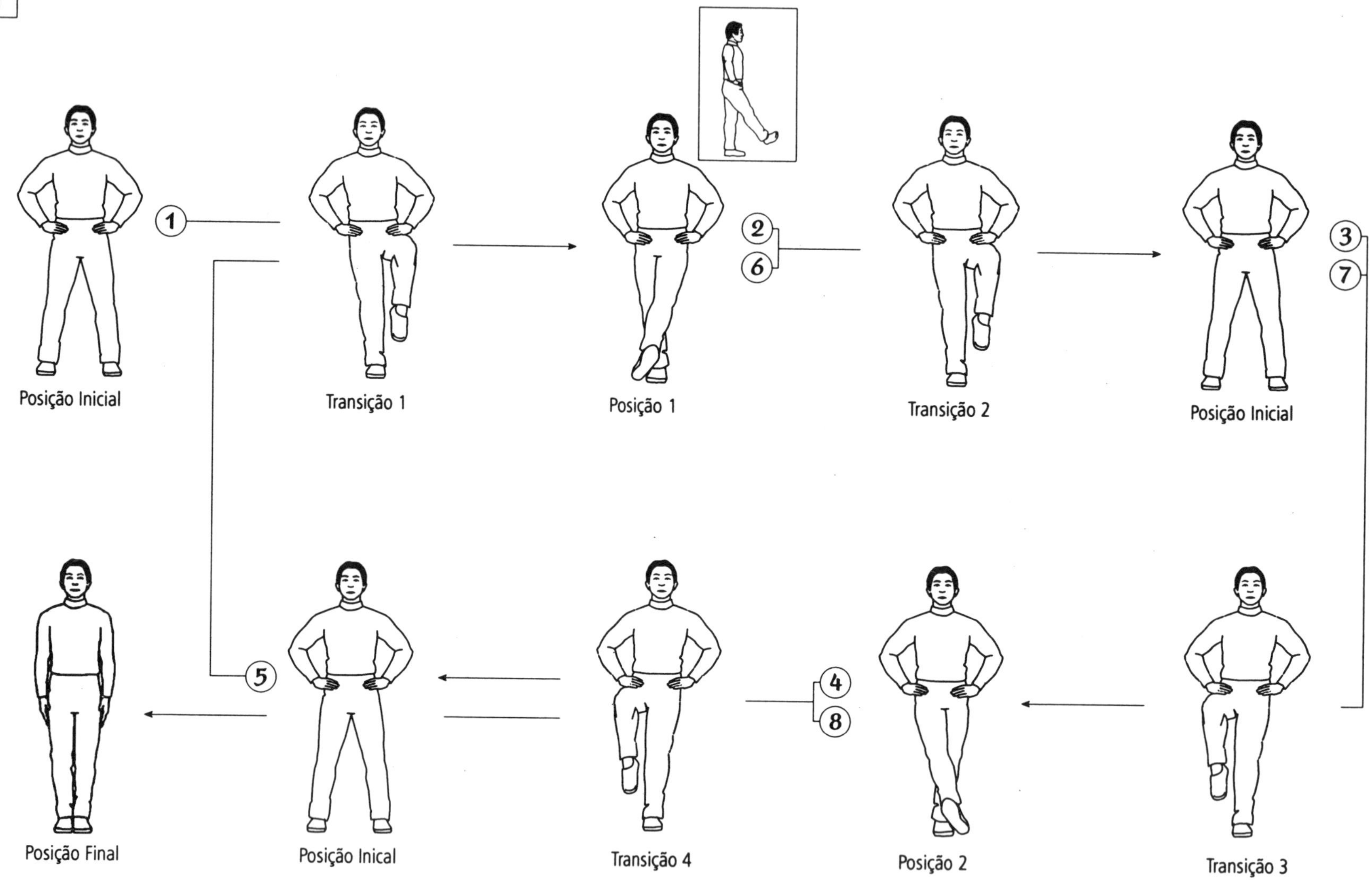

Esticar o Calcanhar Esquerdo e Direito

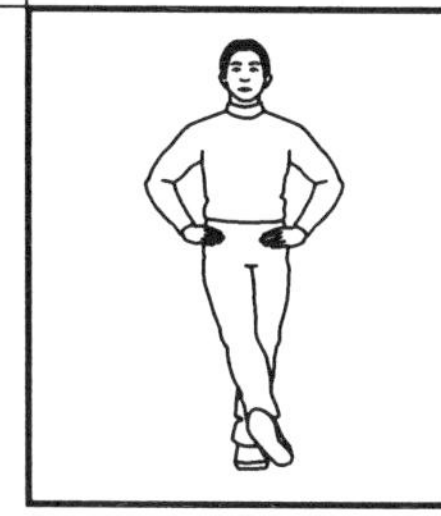

Execução do Movimento

Posição Inicial:

Pés separados na largura dos ombros, mãos na cintura.

(1) (5) Erguer o pé esquerdo flexionando o joelho (Transição 1). Esticar o calcanhar esquerdo para a frente e para baixo na diagonal direita com a ponta do pé puxando para trás (Posição 1).

(2) (6) Recolher a perna esquerda (Transição 2) e voltar à posição inicial.

(3) (7) Erguer o pé direito flexionando o joelho (Transição 3). Esticar o calcanhar direito para a frente e para baixo na diagonal esquerda com a ponta do pé puxando para trás (Posição 2).

(4) (8) Recolher a perna direita (Transição 4) e voltar à posição inicial.

Posição Final:

Abaixar os braços ao longo do corpo.

Requisitos para Execução

Executar o movimento lenta e continuamente de forma a aumentar a função de coordenação do sistema de meridianos, permitindo que o qi e o sangue circulem sem obstáculos. [1]

[1] Para a Medicina Tradicional Chinesa, a região onde o qi alcança, o efeito terapêutico atua.

Sensação na Execução

Alívio para as pernas.

Indicação Terapêutica

Lesão do coxim gorduroso embaixo da patela, dor sensível na articulação do joelho, dificuldade de movimentação nas articulações das extremidades inferiores, fraqueza e atrofia dos músculos das pernas.

Objetivo

Melhorar a função das articulações dos joelhos, tornozelos, dedos dos pés, além de fortalecer os músculos das pernas.

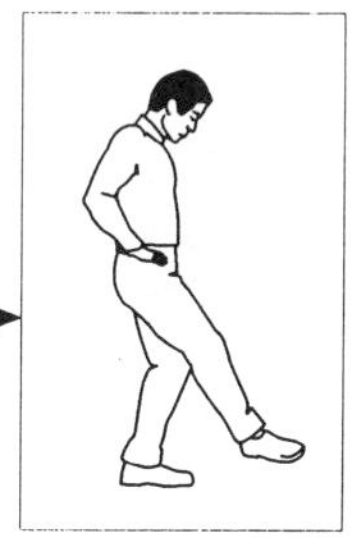

Evitar

1. Curvar o tronco.
2. Calcanhar não esticado.

Atuação Terapêutica

Joelho (a), tornozelo (b), metatarsos (c) e dedos (d).

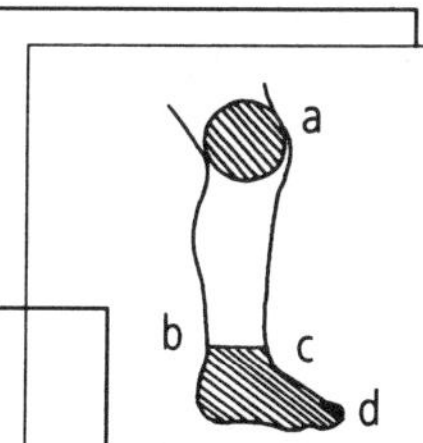

Terapia 5

Chutar para os Quatro Lados

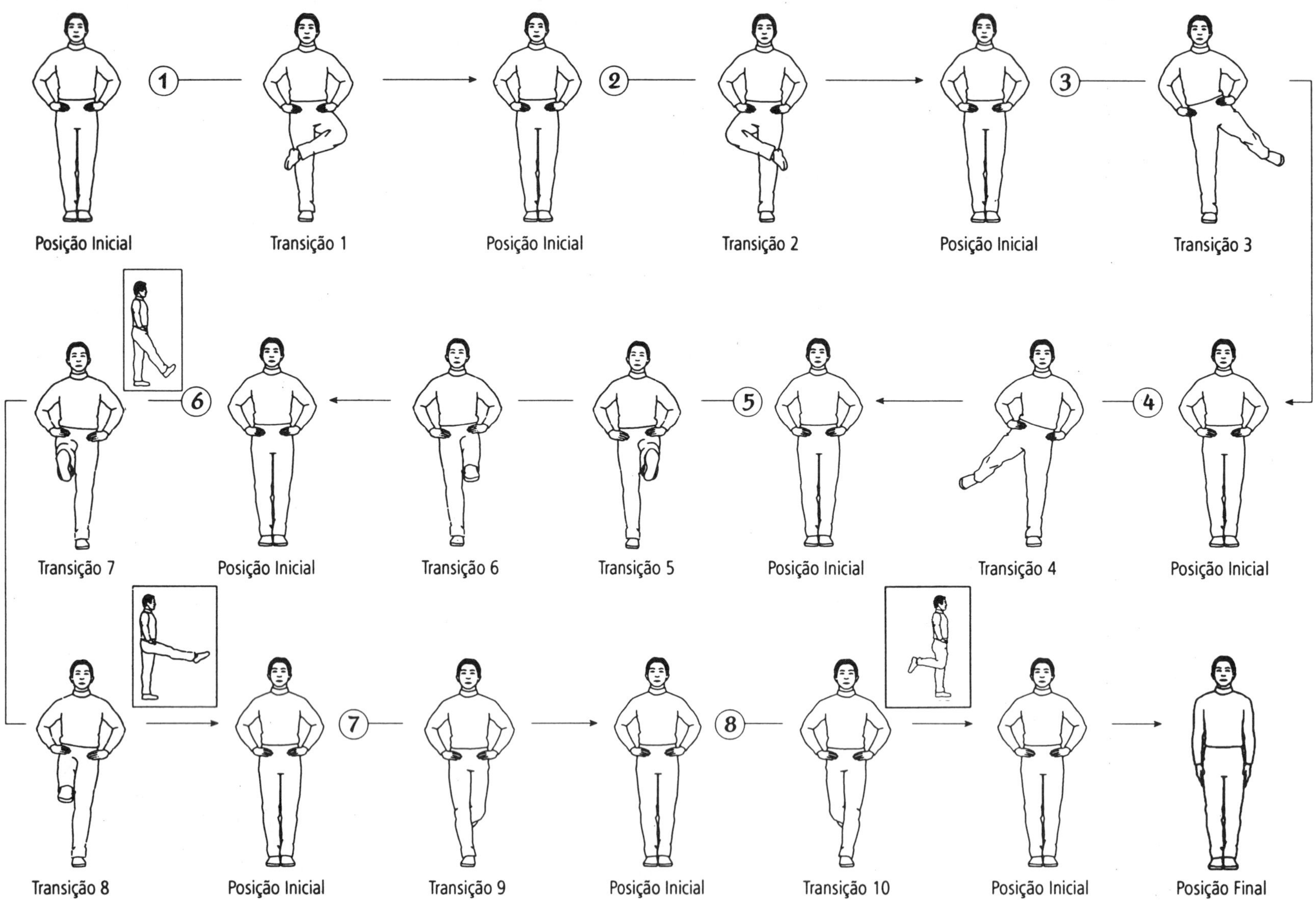

Chutar para os Quatro Lados

série 4 - exercício 6

Execução do Movimento

Posição Inicial:
Pés juntos e mãos segurando na cintura.

1. Suspender o pé esquerdo chutando para cima com o lado interno do pé e tornozelo (Transição 1) e voltar à posição inicial.
2. Suspender o pé direito chutando para cima com o lado interno do pé e tornozelo (Transição 2) e voltar à posição inicial.
3. Suspender o pé esquerdo e chutar para cima com o lado externo do pé e tornozelo (Transição 3) e voltar à posição inicial.
4. Suspender o pé direito e chutar para cima com o lado externo do pé e tornozelo (Transição 4) e voltar à posição inicial.
5. Erguer o joelho esquerdo e esticar o calcanhar (Transição 5) e ponta do pé esquerdo (Transição 6) e voltar à posição inicial.
6. Erguer o joelho direito e esticar o calcanhar (Transição 7) e ponta do pé direito (Transição 8) e voltar à posição inicial.
7. Flexionar a perna esquerda e chutar para trás com o calcanhar direcionado para as nádegas (Transição 9) e voltar à posição inicial.
8. Flexionar a perna direita e chutar para trás com o calcanhar direcionado para as nádegas (Transição 10) e voltar à posição inicial.

Posição Final:
Abaixar os braços ao longo do corpo.

Requisitos para Execução

Mobilizar o Nei Jing (força interna) plenamente de forma que os grupos musculares das pernas possam ser fortalecidos

Sensação na Execução

Alívio nas pernas.

Indicação Terapêutica

Dor sensível nos quadris e articulações dos joelhos e sensação de fraqueza nas pernas.

Objetivo

Praticar a movimentação dos quadris, joelhos e tornozelos, em todos os ângulos possíveis (frente, trás, esquerda e direita) e aumentar a estabilidade de todas estas articulações simultaneamente.

Evitar

1. Inclinar o tronco para o lado.
2. Falta de vigor nos chutes.

Atuação Terapêutica

Quadril (a), joelho (b) e tornozelo (c).

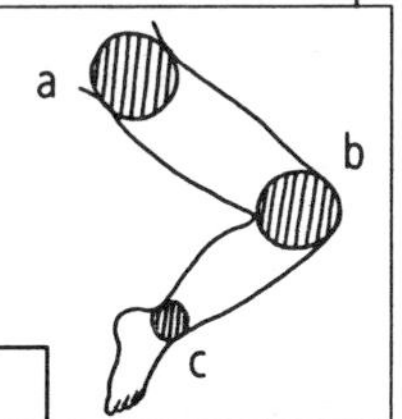

Terapia 6

Introdução

As tenossinovites [1] usualmente ocorrem ao redor das bainhas dos tendões dos punhos e dedos, especialmente nas bainhas dos tendões extensores do polegar, indicador e dedo médio. São devidas à repetição constante e estereotipada de movimentos, como pintar, escrever, lavar, datilografar e outras atividades, que impliquem um gesto de agarrar entre o polegar e os dedos, acompanhado por rápida pronação-supinação ou flexão-extensão do antebraço.

A ocorrência desta condição é muito comum, mas freqüentemente é passada desapercebida. A alteração patológica é fibrose e espessamento da bainha dos tecidos, que resulta na sua constrição. Dor e dificuldade na movimentação são causadas por distensão do tendão, devido à bainha contraída. O desenvolvimento da doença é usualmente lento e segue um curso crônico. Os lugares mais comuns de ocorrência de tenossinovites são: estilóide do rádio e ulna, punho, dedos, etc. Uma condição similar que ocorre no cotovelo (na região do epicôndilo externo do úmero) é comumente conhecido como cotovelo de tenista.

A dor local nos punhos, estilóides do rádio e ulna irradiara para o antebraço e os dedos. Algumas vezes um nó é palpável no ponto sensível. A dor será agravada pelo movimento devido à tenossinovite dos flexores dos dedos, e será difícil estender ou flexionar os dedos, exceto com muita força; isso é também chamado de dedos estalantes ou dedos em gatilho.

De acordo com a teoria do **qi**, do sangue e dos meridianos da medicina tradicional chinesa, a causa fundamental da alteração patológica das tenossinovites é o retardamento da circulação do qi e a estagnação do sangue.

Os exercícios desta série têm o efeito de desobstruir o sistema de meridianos de forma a permitir uma livre passagem para a circulação do **qi** e do sangue; o sistema ao ser restabelecido, acalmará a dor.

Os movimentos desta série são projetados com base nas características anatômicas e nas alterações patológicas das tenossinovites, focalizando o alisamento dos tendões, o abrandamento gradual da inflamação asséptica e a dissolução das aderências da bainha.

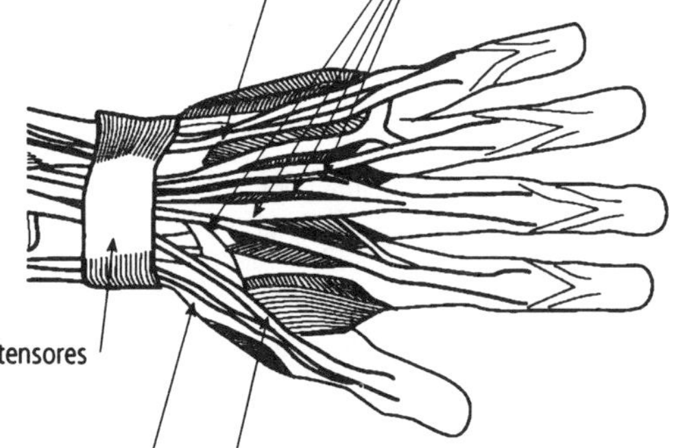

Dorso das mãos

[1] Tenossinovites
Inflamação da bainha do tendão.

Face anterior da perna

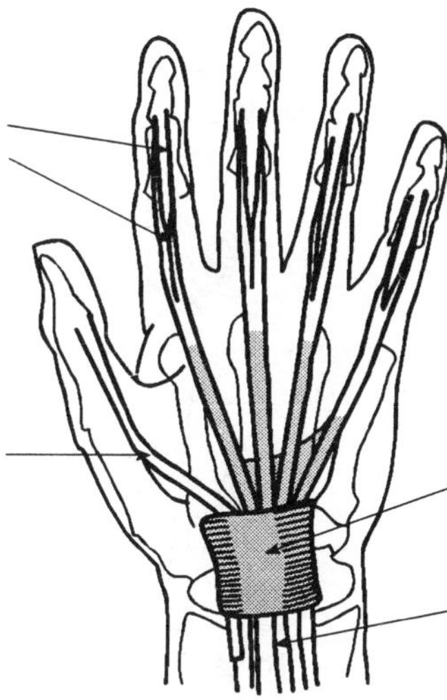

Palma das mãos

Empurrar para os Quatro Lados

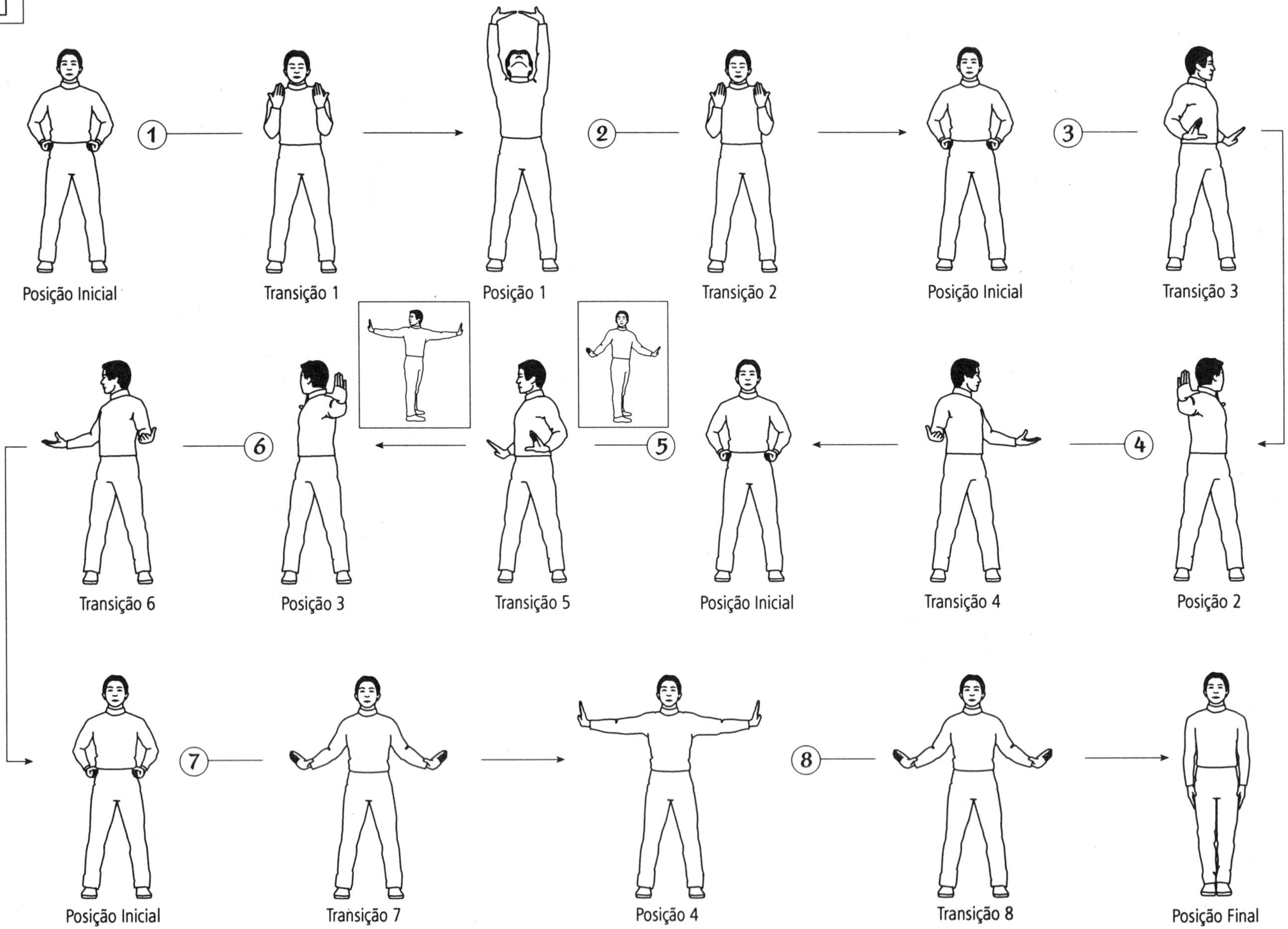

Empurrar para os Quatro Lados

série 5 - exercício 1

Execução do Movimento

Posição Inicial:

Pés separados na largura dos ombros e punhos colocados ao lado da cintura.

1. Estender os braços para cima, girando as mãos para fora, abrindo-as gradativamente em forma de palmas (Transição 1). Palmas por sobre a cabeça, viradas para cima (como se empurrasse o céu), com os dedos virados para dentro, um de frente para o outro. Olhar para o dorso das mãos (Posição 1).
2. Recolher os braços fechando as palmas (Transição 2) e voltar à posição inicial.
3. Girar o tronco à esquerda, abrindo gradativamente as mãos em forma de palmas (Transição 3), empurrando a direita para a frente e a esquerda para trás, esticando os braços (Posição 2).
4. Girar o tronco à frente e simultaneamente recolher os braços, flexionando os cotovelos (Transição 4) girando as palmas para dentro, cerrando-as em forma de punho. Voltar à posição inicial.
5. Girar o tronco à direita, abrindo gradativamente as mãos em forma de palmas (Transição 5), empurrando a esquerda para a frente e a direita para trás, esticando os braços (Posição 3).
6. Girar o tronco à frente e simultaneamente recolher os braços, flexionando os cotovelos (Transição 6) e girando as palmas para dentro, cerrando-as em forma de punho. Voltar à posição inicial.
7. Manter o tronco voltado à frente e girar as mãos para fora, abrindo-as gradativamente em forma de palmas (Transição 7) e empurrá-las para os lados do corpo. Olhar à frente (Posição 4).
8. Recolher os braços, girando as palmas para dentro e cerrando-as em forma de punho (Transição 8). Voltar à posição inicial.

Posição Final:

Juntar os pés e abaixar os braços ao longo do corpo.

Requisitos para Execução

Ao empurrar para a frente e para trás ou para os lados, manter os braços numa linha reta na altura dos ombros e cruzando o tronco.

Sensação na Execução

Alívio no pescoço, ombros, cotovelos, pulsos e dedos.

Indicação Terapêutica

Cotovelo de tenista, tenossinovites nos pulsos, dedos e parte dorsal do pulso.

Objetivo

Exercitar as atividades dos diferentes grupos de músculos e articulações das extremidades superiores, especialmente para aumentar e melhorar o efeito de lubrificação da membrana sinovial das bainhas dos tendões nas regiões dos punhos e articulações dos dedos.

Evitar

1. Inclinar o tronco.

Atuação Terapêutica

Articulações dos dedos (a) e punho (b).

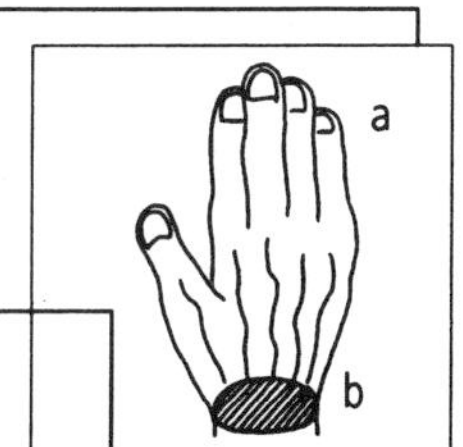

Terapia 7

Esticar o Arco e Atirar a Flecha

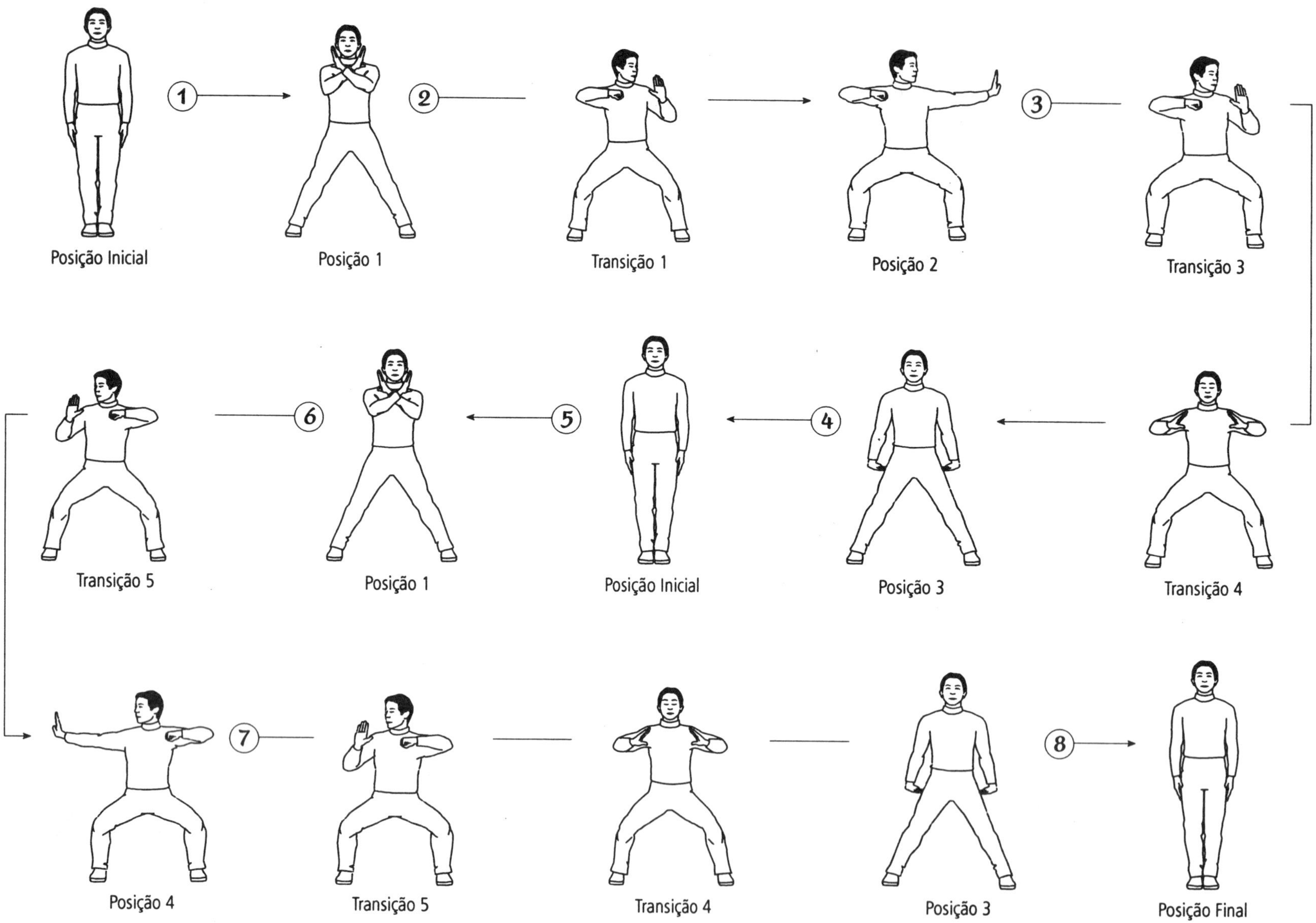

Esticar o Arco e Atirar a Flecha

série 5 - exercício 2

Os movimentos desta terapia são imitações de posturas de antigos arqueiros durante a caça.

Execução do Movimento

Posição Inicial:
Pés juntos e braços soltos ao longo do corpo.

(1) Dar um passo lateral com o pé esquerdo, abrindo uma largura e meia de ombro (abertura média) entre os pés, cruzando as palmas a 30cm na frente do peito (Posição 1).
(2) Flexionar as pernas e assentar a bacia na postura de "Montar a Cavalo", simultaneamente estender o braço esquerdo à esquerda, impulsionando a palma (Transição 1) e puxando o punho direito à direita flexionando o braço e projetando o cotovelo numa linha reta e horizontal. Olhar para o dorso da palma esquerda (Posição 2).
(3) Recolher a palma esquerda (Transição 3) e pressionar as duas palmas para baixo (Transição 4), erguendo o corpo. Olhar à frente (Transição 5).
(4) Voltar à posição inicial, recolhendo o pé esquerdo para junto do direito.
(5) Dar um passo lateral com o pé direito, abrindo uma largura e meia de ombro (abertura média) entre os pés, cruzando as palmas a 30cm na frente do peito (Posição 1).
(6) Flexionar as pernas e assentar a bacia na postura de "Montar a Cavalo"; simultaneamente estender o braço direito à direita, impulsionando a palma (Transição 5) e puxando o punho esquerdo à esquerda flexionando o braço e projetando o cotovelo numa linha reta e horizontal. Olhar para o dorso da palma direita (Posição 4).
(7) Recolher a palma direita (Transição 5) e pressionar as duas palmas para baixo (Transição 4), erguendo o corpo. Olhar à frente (Posição 3).
(8) Voltar à posição inicial, recolhendo o pé direito para junto do esquerdo.

Posição Final:
Idem à posição inicial.

Requisitos para Execução

· Postura correta de "Montar a Cavalo".
· Manter o tronco ereto e ambos os braços no mesmo nível, e a palma no padrão ereto.
· Ao abaixar as palmas e levantar o tronco, manter os cotovelos retos e as pontas dos dedos apontadas para a lateral externa das coxas, com as palmas voltadas para fora.

Sensação na Execução

Dor sensível nos antebraços, pulsos e dedos.

Indicação Terapêutica

Cotovelo de tenista, tenossinovites nos punhos, dedos e parte ventral da mão.

Objetivo

Praticar os movimentos de dobrar e estender os cotovelos alternadamente.

Facilita o movimento livre dos tendões de ambos os braços em suas bainhas, na região dos punhos, ativando a lubrificação do fluido sinovial.

Evitar

1. Tronco inclinado.
2. Postura errada de "Montar a Cavalo".

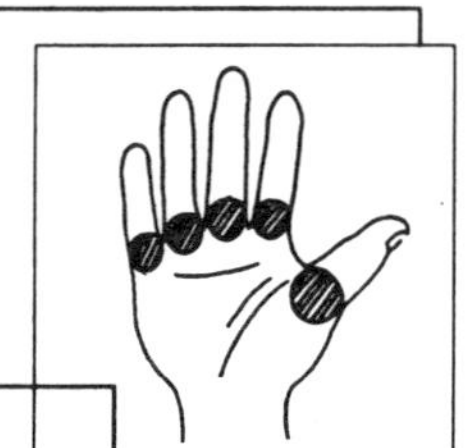

Atuação Terapêutica

Tendões.

Terapia 8

Erguer os Braços e Girar os Punhos para Fora

O exercício segue na página seguinte.

Execução do Movimento

Posição Inicial:
Abrir os pés na largura dos ombros, punhos colocados na altura da cintura.

(1) (3) (5) (7) Estender os braços e girar as mãos para fora, abrindo-as gradativamente, voltando as palmas uma de frente para a outra e impulsionando-as para cima (Transição 1). Com os braços estendidos e as palmas voltadas uma para a outra, a cabeça se ergue olhando para cima (Posição 1).

(2) (6) Fechar as palmas em forma de punhos (Transição 2) e girá-las para fora, abaixando os braços lateralmente por trás da linha dos ombros, formando um arco. Olhar o punho esquerdo (Transição 3 e 4). Voltar à posição inicial.

(4) (8) Fechar as palmas em forma de punhos (Transição 2) e girá-las para fora, abaixando os braços lateralmente por trás da linha dos ombros, formando um arco. Olhar o punho direito (Transição 5). Voltar à posição inicial.

Este exercício segue na próxima página.

Erguer os Braços e Girar os Punhos para Fora

série 5 - exercício 3A

Requisitos para Execução

. Manter os cotovelos eretos enquanto roda os pulsos.

. Ao abaixar os braços lateralmente, estenda-os para trás da linha dos ombros na sua extensão máxima.

Sensação na Execução

Alívio nos ombros, braços, cotovelos e pulsos.

Indicação Terapêutica

Cotovelo de tenista, tendossinovites no estilóide do rádio e ulna (pulso e dedos), periartrites da região dos ombros.

Objetivo

Praticar os movimentos de rotação dos cotovelos e punhos facilitando o movimento livre dos tendões dentro de suas bainhas, especialmente na porção distal dos ossos do braço e antebraço.

Portanto é muito útil em tratamento de cotovelo de tenista e tenossinovites dos dedos.

Evitar

1. Curvar os braços ao abaixá-los lateralmente.

Atuação Terapêutica

Rotação dos punhos.

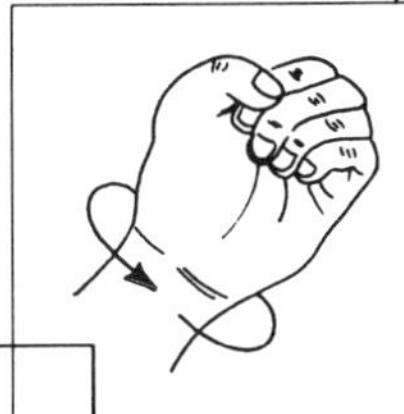

Terapia 9

Erguer os Braços e Girar os Punhos para Dentro

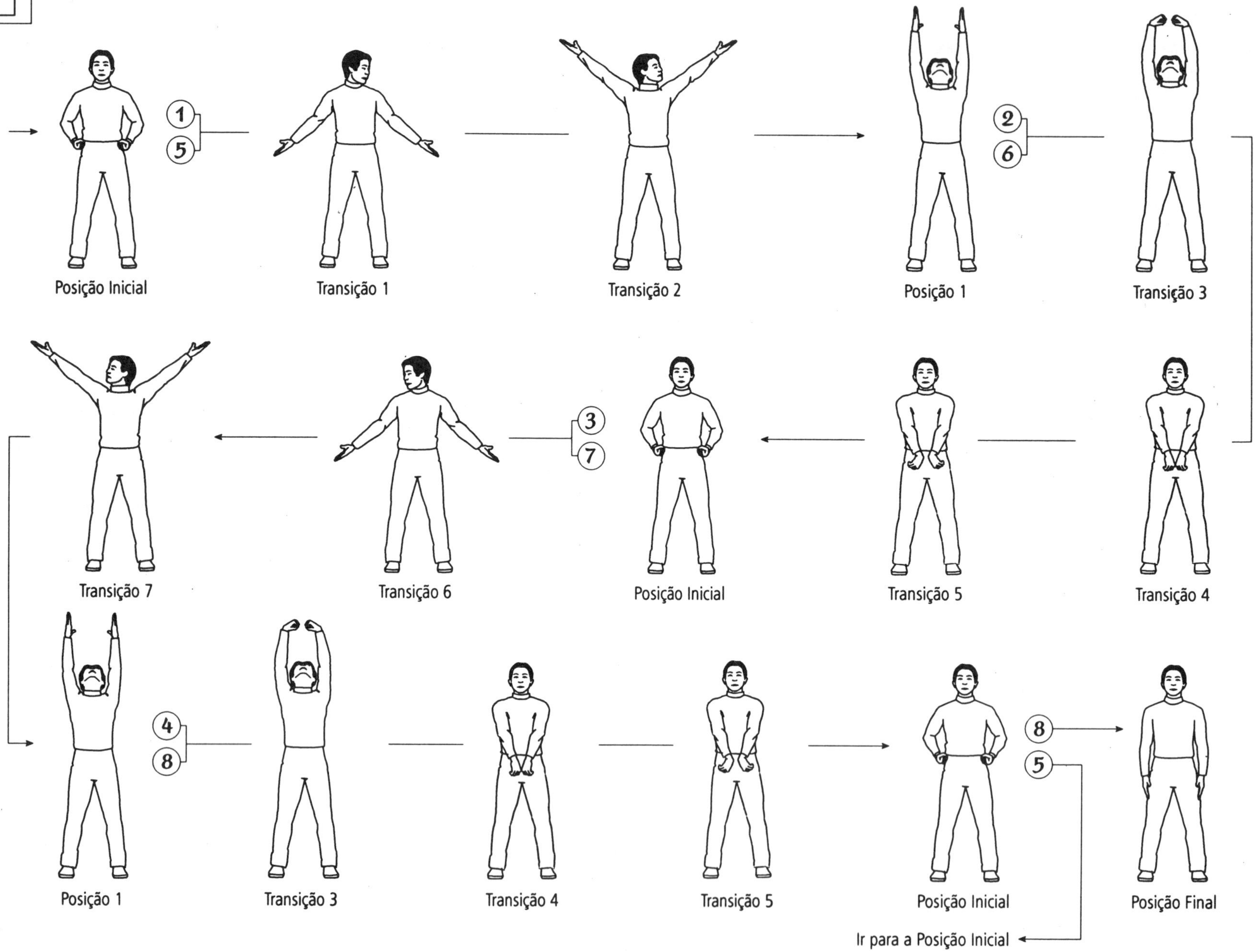

Erguer os Braços e Girar os Punhos para Dentro

série 5 - exercício 3B

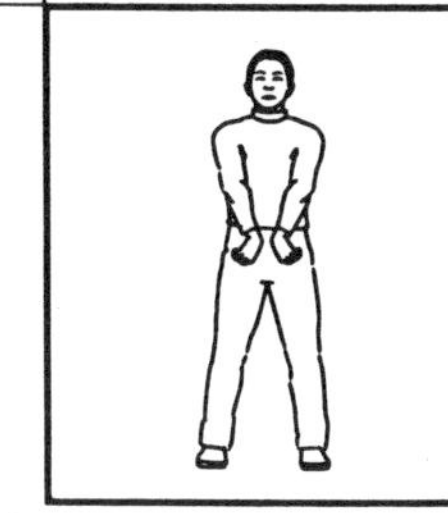

Execução do Movimento

Posição Inicial:

Pés separados na largura dos ombros, punhos colocados na altura da cintura.

(1) (5) Abrir os punhos em forma de palmas voltadas para fora, suspendendo-os pelo lado do corpo. Olhar a palma esquerda (Transições 1 e 2). As palmas, acima da cabeça, estão voltadas uma para a outra, os braços estão estendidos e a cabeça levantada olhando para cima (Posição 1).

(2) (4) (6) (8) Fechar as palmas em forma de punho (Transição 3), curvando-as para dentro e abaixando-as pela frente do corpo (Transição 4), até abaixo da linha do umbigo. Acompanhar o movimento com o olhar (Transição 5). A seguir girar os punhos para dentro, puxando-os para perto da cintura e voltando à posição inicial.

(3) (7) Abrir os punhos em forma de palmas voltadas para fora, suspendendo-os pelo lado do corpo. Olhar a palma direita (Transições 6 e 7). As palmas acima da cabeça estão voltadas uma para a outra, os braços estão estendidos e a cabeça levantada olhando para cima (Posição 1).

Posição Final:

Abaixar os braços ao longo do corpo.

Requisitos para Execução

. Manter os cotovelos eretos enquanto gira os pulsos.

. Ao abaixar os braços lateralmente, estenda-os para trás da linha dos ombros na sua extensão máxima.

Evitar

1. Curvar os braços ao estendê-los para cima.

Sensação na Execução

Alívio nos ombros, braços, cotovelos e pulsos.

Indicação Terapêutica

Cotovelo de tenista, tendossinovites no estilóide do rádio e ulna (pulso e dedos), periartrites da região dos ombros.

Objetivo

Praticar os movimentos de rotação dos cotovelos e punhos facilitando o movimento livre dos tendões dentro de suas bainhas, especialmente na porção distal dos ossos do braço e antebraço.

Portanto é muito útil em tratamento de cotovelo de tenista e tenossinovites dos dedos.

Atuação Terapêutica

Rotação dos punhos.

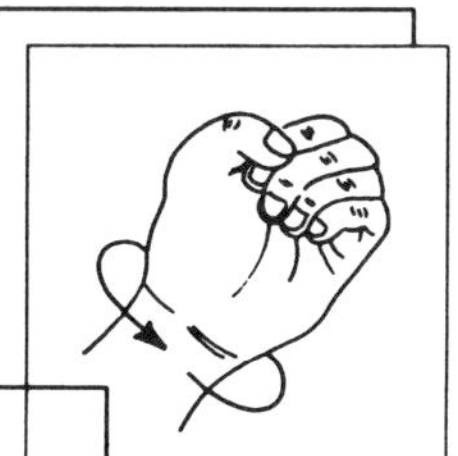

Terapia 9

Esticar a Palma e a Mão de Gancho

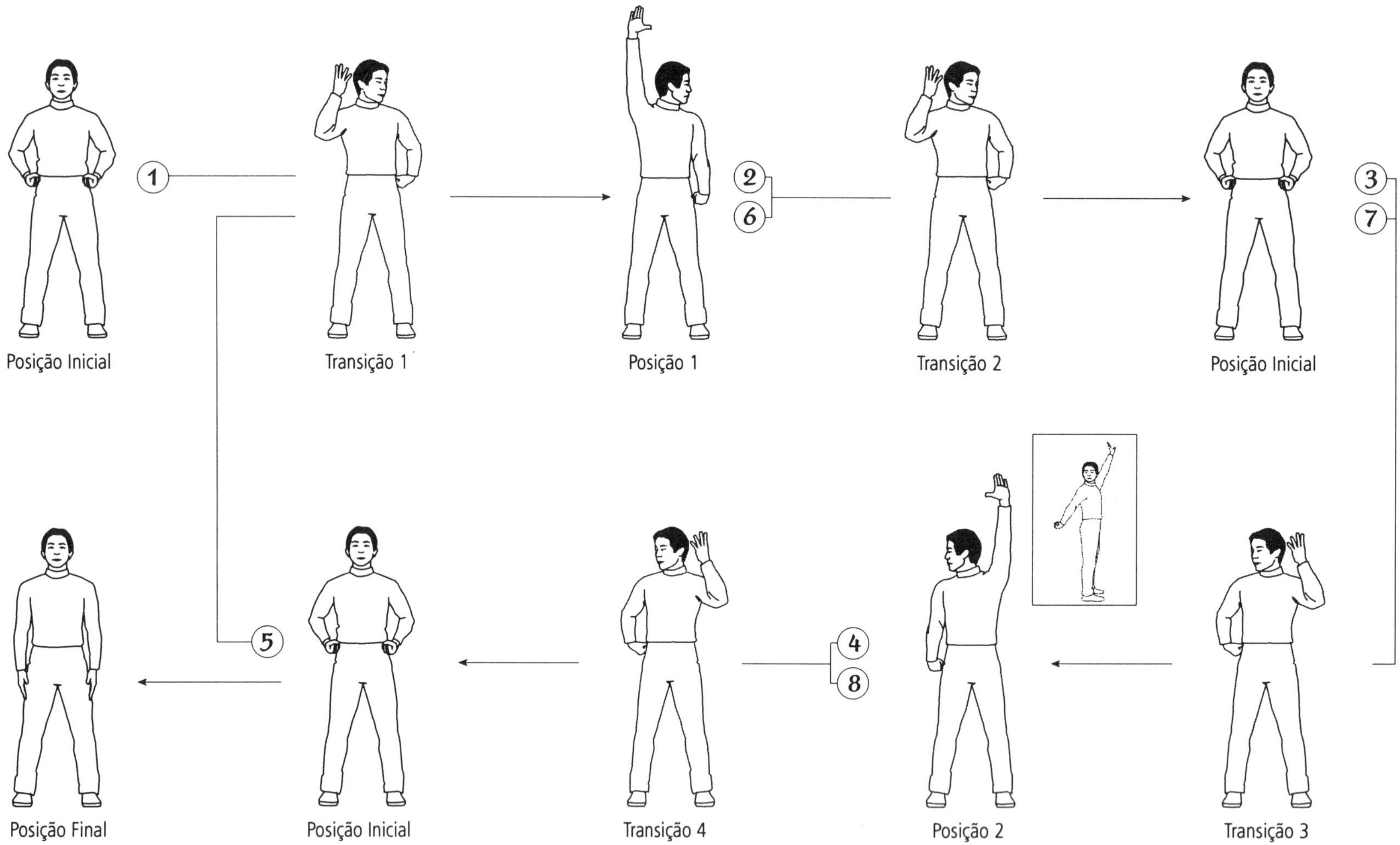

Esticar a Palma e a Mão de Gancho

série 5 - exercício 4

Objetivo

Exercitar os músculos e tendões na região dos cotovelos, punhos, mãos e dedos.

Requisitos para Execução

Ao impulsionar um braço para a frente e para cima e o outro para trás, relaxe os ombros, mantenha os dois braços numa linha reta e o tronco ereto voltado para a frente.

Sensação na Execução

Alívio nos ombros, braços, cotovelos, punhos, dedos e peito.

Indicação Terapêutica

Cotovelo de tenista, tenossinovites no estilóide do rádio e ulna (pulso e dedos), periartrites da região dos ombros. Eficaz na prevenção e tratamento de lombalgias.

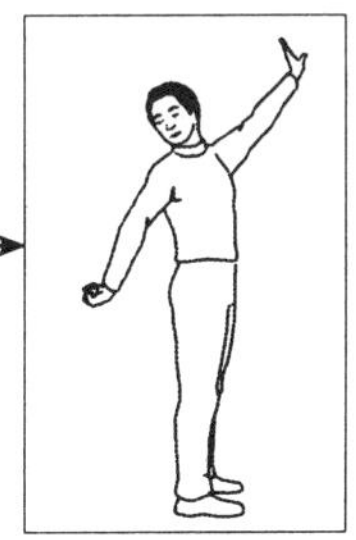

Evitar

1. Girar ou inclinar o tronco.
2. Desalinhar os ombros e pescoço.

Atuação Terapêutica

Dedos (a), palmas (b), punhos (c) e cotovelos (d).

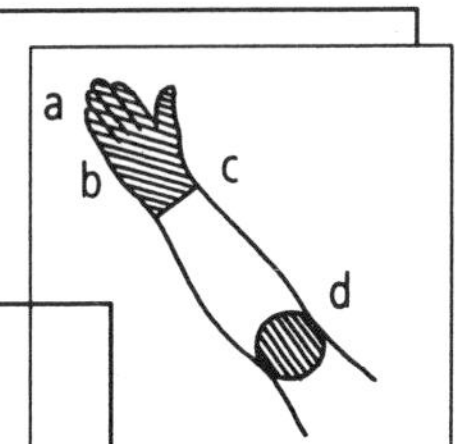

Terapia 10

Execução do Movimento

Posição Inicial:

Pés separados na largura dos ombros e punhos colocados ao lado da cintura.

(1) (5) Girar o punho direito para fora abrindo-o em forma de palma e impulsioná-lo para a frente e para cima; simultaneamente girar o punho esquerdo para trás acompanhando o movimento com o olhar (Transição 1). A palma direita empurra obliquamente para a frente e para cima e o punho esquerdo flexionado, em forma de gancho, direcionado obliquamente para baixo e para trás. Olhar o punho esquerdo (Posição 1).

(2) (6) Recolher o braço direito cerrando a palma em forma de punho, recolhendo o punho esquerdo (Transição 2). Voltar à posição inicial.

(5) Girar o punho esquerdo para fora abrindo-o em forma de palma e impulsioná-lo para a frente e para cima; simultaneamente girar o punho direito para trás acompanhando o movimento com o olhar (Transição 3). A palma esquerda empurra obliquamente para a frente e para cima e o punho direito flexionado, em forma de gancho, direcionado obliquamente para baixo e para trás. Olhar o punho direito (Posição 2).

(4) (8) Recolher o braço esquerdo cerrando a palma em forma de punho, recolhendo o punho direito (Transição 4). Voltar à posição inicial.

Posição Final:

Abaixar os braços ao lado do corpo.

Projetar o Punho

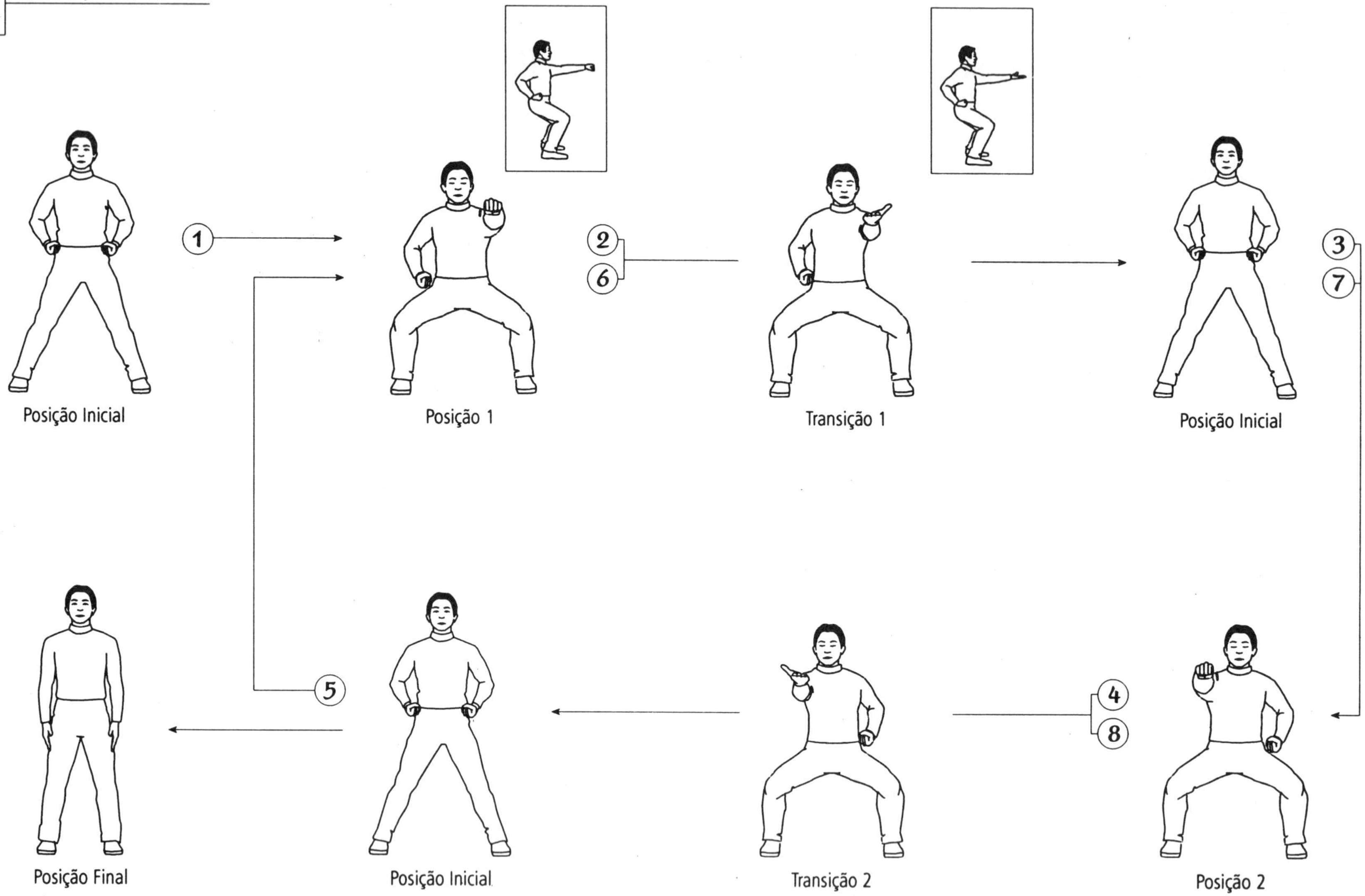

Projetar o Punho

série 5 - exercício 5

Execução do Movimento

Posição Inicial:

Pés separados na largura e meia dos ombros, punhos colocados ao lado da cintura.

(1) (5) Flexionar as pernas, abaixando o tronco (postura de "Montar a Cavalo") e impulsionar o punho esquerdo para a frente (Posição1).

(2) (6) Abrir o punho esquerdo, virar a palma para cima (Transição 1). Recolher o braço esquerdo, cerrando a mão em forma de punho e erguendo simultaneamente o corpo, voltando à posição inicial.

(3) (7) Flexionar as pernas, abaixando o tronco (postura de "Montar a Cavalo") e impulsionar o punho direito para frente (Posição 2).

(4) (8) Abrir o punho direito, virar a palma para cima (Transição 2). Recolher o braço direito, cerrando a mão em forma de punho e erguendo simultaneamente o corpo, voltando à posição inicial.

Posição Final:

Recolher o pé esquerdo meio passo e abaixar os braços ao longo do corpo.

Requisitos para Execução

. Impulsionar o punho vigorosamente.
. Postura correta de "Montar a Cavalo".
. Tronco ereto.

Sensação na Execução

Alívio nos braços, punhos, dedos das mãos e ambas as pernas.

Indicação Terapêutica

Cotovelo de tenista, tenossinovites dos punhos e dedos, dores no pescoço, ombros e cintura.

Objetivo

Exercitar os músculos das pernas na postura de "Montar a Cavalo".

Aumentar a potência muscular dos diferentes grupos de músculos dos braços, tais como: bíceps braquial, tríceps braquial, bráquio radial, extensor radial longo do carpo, entre outros, ao mobilizar o "Nei Jing" (força interna) no movimento de impulsionar o punho.

Evitar

1. Inclinar o tronco para a frente, ao projetar o punho.
2. Girar o tronco ao projetar o punho.

Atuação Terapêutica

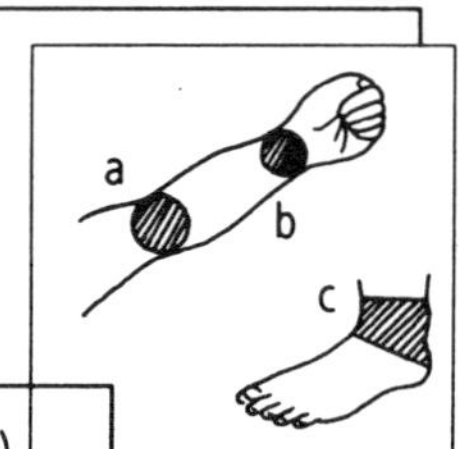

Cotovelo (a), punho (b) e tornozelo (c).

Terapia 11

Soltar os Braços e Girar a Cintura

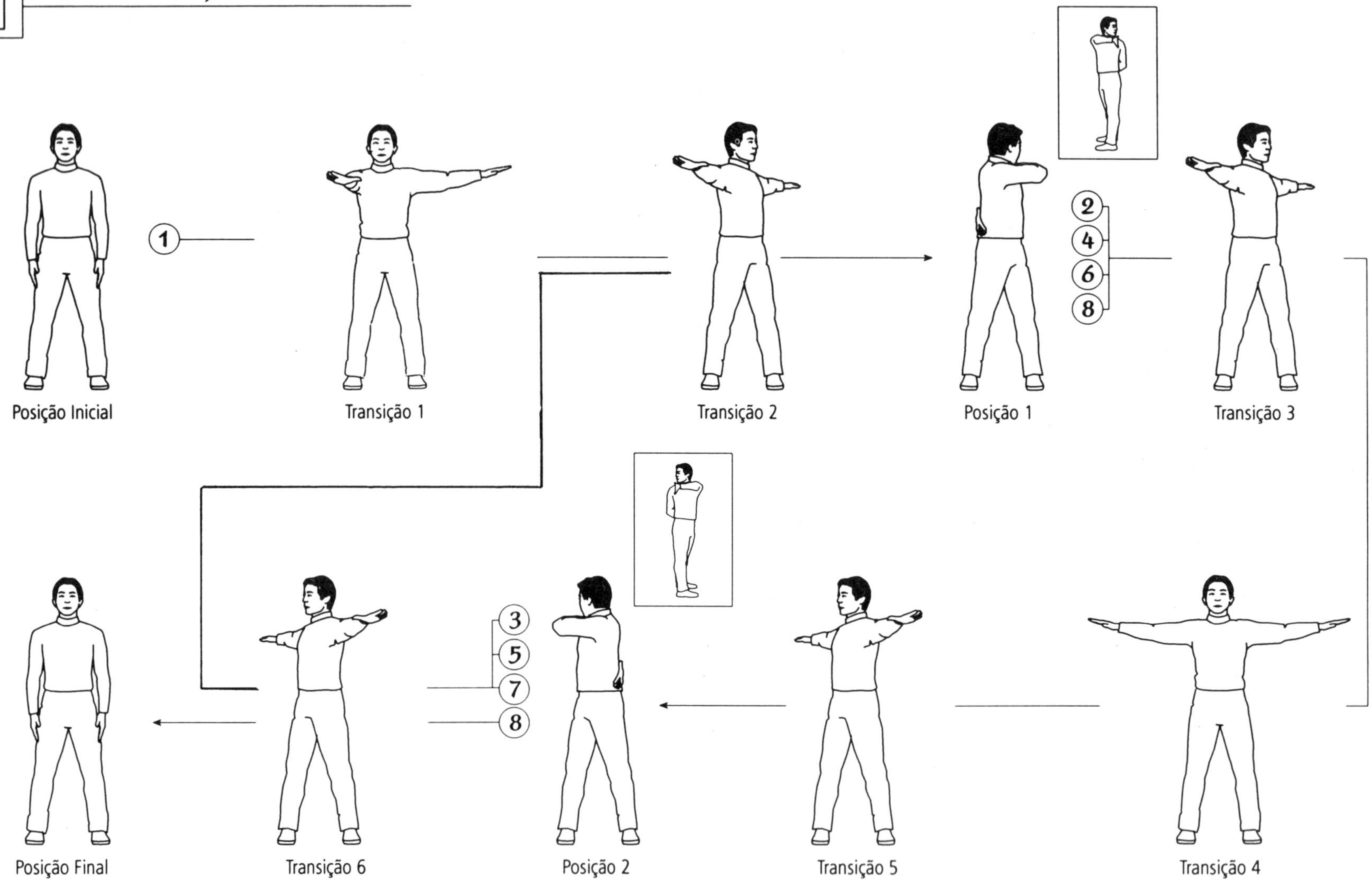

Soltar os Braços e Girar a Cintura

série 5 - exercício 6

Objetivo

Relaxar os músculos dos braços; soltar adesões dos ligamentos e tendões, aumentar o movimento do qi e do sangue (ao balançar os braços) reforçando a resistência do corpo, prevenindo e tratando das doenças.

Requisitos para Execução

Manter o tronco ereto. Girar o tronco, tendo a espinha como eixo, impulsionando o movimento de balanço dos braços numa circunferência o mais ampla possível.

Sensação na Execução

Sensação de expansão e alívio do pescoço, ombros, cotovelos e cintura.

Indicação Terapêutica

Ombros congelados, cotovelo de tenista, dores nas costas, cintura, etc.

Execução do Movimento

Posição Inicial:

Pés separados na largura dos ombros e braços soltos ao longo do corpo.

(1) Erguer os braços ao lado do corpo até a altura dos ombros (Transição 1). Girar o tronco para esquerda abrindo os braços num angulo de 90° em relação ao tronco (Transição 2). A seguir enrolar os braços em torno do tronco, encaixando a região entre o indicador e o polegar (Hu Kou) da mão direita no ombro esquerdo enquanto o dorso da mão esquerda se coloca na região lombo-sacral. Olhar para trás pela esquerda (Posição 1).

(2) (4) (6) (8) Girar o tronco para a direita abrindo os braços num ângulo de 90° em relação ao tronco (Transição 3,4 e 5). A seguir enrolar os braços em torno do tronco, encaixando a região entre o indicador e o polegar da mão esquerda no ombro esquerdo, enquanto o dorso da mão direita se coloca na região lombo-sacral. Olhar para trás pela direita (Posição 2).

(3) (5) (7) Girar o tronco para a esquerda abrindo os braços num ângulo de 90° em relação ao tronco (Transições 6, 1 e 2). A seguir enrolar os braços em torno do tronco, encaixando a região entre o indicador e o polegar (Hu Kou) [1] da mão direita no ombro esquerdo, enquanto o dorso da mão esquerda se coloca na região lombo-sacral.
Olhar para trás pela esquerda (Posição 1).

Posição Final:

Idem à postura inicial.

(1) Hu-Kou: Em chinês significa "Boca do Tigre", termo que caracteriza o espaço entre o indicador e polegar.

Evitar

1. Inclinar o tronco.
2. Pender os braços.

Atuação Terapêutica

Cotovelo (a), ombro (b), palma (c) e punho (d).

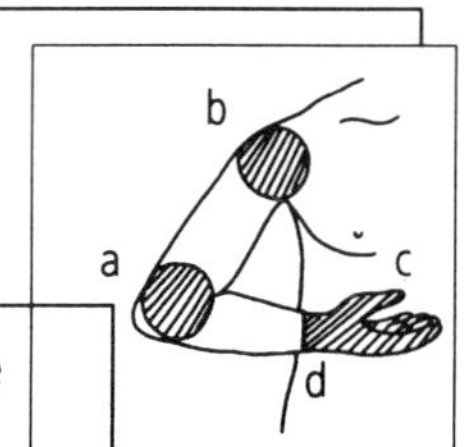

Terapia 12

Introdução

Os órgãos internos do peito e abdômen são: coração, pulmões, fígado, baço, rins, estômago, intestinos, etc.
Diferentes órgãos têm diferentes funções, tais como: o coração, a da circulação; os pulmões, a da respiração; estômago, fígado e intestinos, a da digestão e reabsorção; os rins, a da excreção, etc.
Os órgãos internos passam por alterações patológicas que se devem a diferentes causas. Freqüentemente resultam na existência de todos os tipos de desordens funcionais, produzindo sintomas correspondentes.

Esta sessão de exercícios é indicada para as seguintes doenças:

a) Hipertensão
Hipertensão é, na maioria das vezes, primária, outras vezes é secundária às doenças dos rins e sistema endócrino, etc. Ocorre freqüentemente entre pessoas com mais de 40 anos, especialmente em tipos obesos e robustos. Os doentes têm vertigem, dor de cabeça, visão turva, adormecimento das extremidades superiores, palpitações, respiração curta, etc.
Num estágio mais avançado pode complicar com arteriosclerose das artérias do cérebro e artérias coronárias.

b) Doenças coronárias
Devido à arteriosclerose das artérias coronárias, o suprimento de sangue do coração é insuficiente. O paciente terá uma sensação desagradável no peito, palpitação, sensação de pressão na região frontal do coração, respiração curta, etc., podendo ocorrer angina pectóris [1].

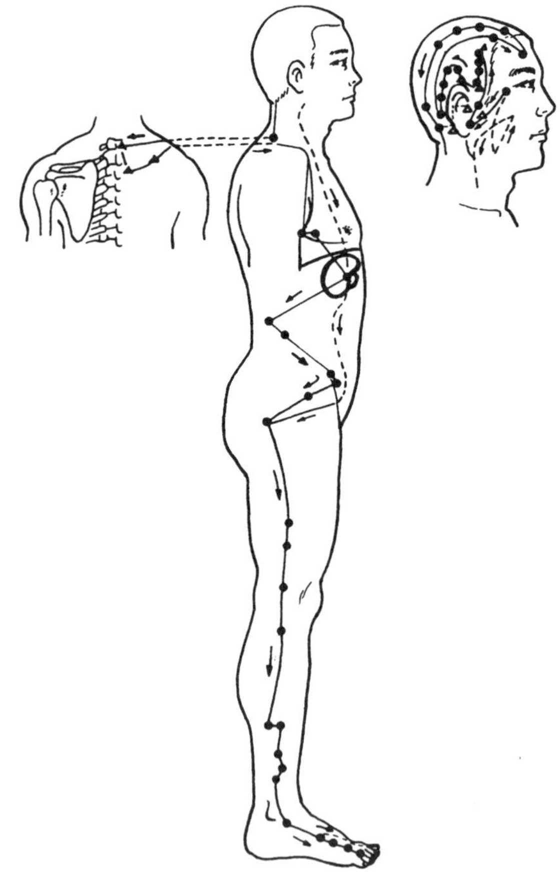

Meridiano da vesícula (shaoyang) dos pés.

c) Desordens funcionais do trato gastrointestinal

O termo sugere a natureza funcional do desequilíbrio e os sintomas comuns são: sensação de plenitude no abdômen, eructação, falta de apetite, indigestão (dispepsia), diarréia, constipação, etc.

d) Neuroses

Pode manifestar-se em todos os tipos de desordens funcionais dos diferentes sistemas. Os sintomas relativamente comuns são: vertigem, dor de cabeça, obscurecimento da visão, zumbido, insônia, amnésia, neurastenia, ansiedade, palpitação, dispnéia, fadiga, etc.

Esta série de exercícios projetados para tratar dessas doenças através de automassagem nos pontos de acupuntura e exercícios das articulações e harmonização dos meridianos possibilita regular e melhorar a função de vísceras e órgãos.

(1) Angina pectóris: provocado por uma situação de tensão durante a qual a necessidade de oxigênio do miocárdio excede a capacidade coronária.

Massagear o Rosto

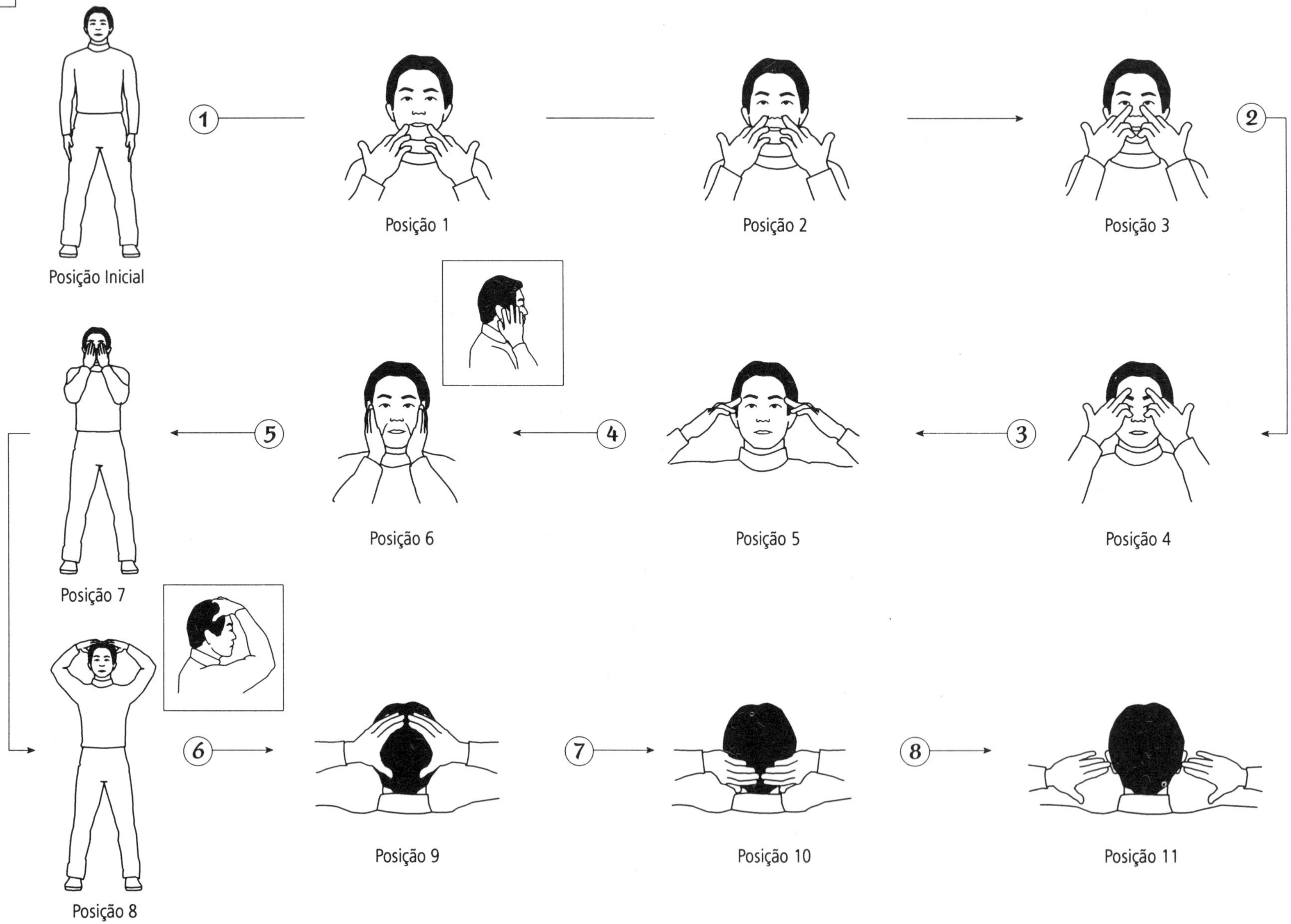

Massagear o Rosto

série 6 - exercício 1A

Execução do Movimento

Posição Inicial:

Pés separados na largura dos ombros.

(1) Mover os dedos médios para cima partindo dos cantos da boca, pressionando o ponto "Di-Cang" (Posição 1), deslizando até o ponto "Ying-Xiang" (Posição 2) do lado das narinas, seguindo pelos lados das narinas passando pelo ponto "Bi-Tong" até o canto interno dos olhos onde está localizado o ponto "Jing-Ming" (Posição 3).

(2) Pressionar várias vezes o ponto "Jing-Ming" (Posição 3) e a seguir deslizar os dedos pelas sobrancelhas (Posição 4) cruzando os pontos "Zan-Zhu", "Yang-Bai" para alcançar os pontos "Tai-Yang" (Posição 5).

(3) Pressionar várias vezes o ponto "Tai-Yang" (Posição 5).

(4) Passar as palmas das mãos, para baixo, pelo rosto, deslizando o dedo indicador por cima dos pontos "Er-Men", "Ting-Gong" e "Ting-Hui" (Posição 6).

(5) Passar as palmas para cima do rosto deslizando os dedos médios pelos pontos "Di-Cang", "Ying-Xiang", "Bi-Tong", "Jing-Ming", "Zan-Zhu" e "Yin-Tang" (Posição 7), para "Fa-Ji", "Shang-Xing", "Bai-Hui", enquanto o polegar passa pelos pontos "Tai-Yang", "Shuai-Gu" (Posição 8), até "Feng-Chi" (Posição 9).

(6) Pressionar várias vezes o "Feng-Chi" (Posição 9) com o polegar.

(7) Mover os dedos para baixo juntando ao polegar, separar as mãos para os lados passando por "Feng-Chi" (Posição 10) e dobrar as orelhas para alcançar o "Jiang-Ya-Gou" (Posição 11).

(8) Pressionar várias vezes o "Jing-Ya-Gou" com o dedo médio (Posição 11).

Requisitos para Execução

. Localização precisa dos pontos a serem pressionados. Pressão adequada dos dedos e das palmas das mãos no rosto.

. Mente concentrada, para que o qi e o sangue se movam adequadamente.

Sensação na Execução

Sensação de calor prazeroso durante a massagem dos pontos de acupuntura na cabeça e na face.

Indicação Terapêutica

Neurastenia, insônia, vertigem, palpitação, disfunções do estômago e intestino, enjôo e salivação.

Objetivo

Autopressionar os pontos de acupuntura na face, cabeça e mãos.

Tem o efeito de desbloquear e limpar os meridianos do corpo, aliviando dores, mal-estar do corpo e da mente, além de aguçar os sentidos e promover o relacionamento entre o qi e o sangue.

Evitar

1. Deixar os dedos das mãos muito rígidos ou frouxos.

O exercício continua na próxima página.

Atuação Terapêutica

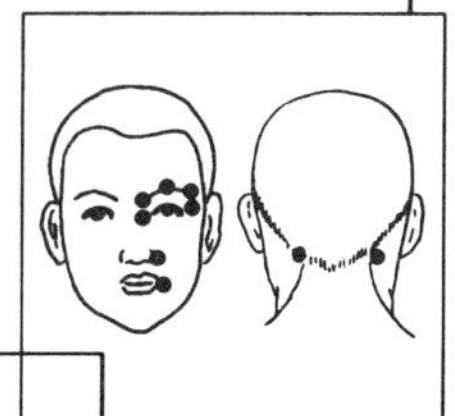

Vide anexo.

Terapia 13

Massagear o Ponto Sedação

Posição Inicial | Posição 1 (1) a (4) | Posição 2 (5) a (8) | Posição Final

Massagear o Ponto Sedação

série 6 - exercício 1B

Execução do Movimento

(1) (2) (3) (4) Posicionar a palma esquerda à frente do abdômen superior, abaixar as pálpebras, tocar o palato superior com a ponta da língua e usar o polegar direito para massagear transversalmente o ponto de acupuntura "Sedação" da mão esquerda (Posição 1).
(5) (6) (7) (8) Posicionar a palma direita à frente do abdômen superior e usar o polegar esquerdo para massagear transversalmente o ponto de acupuntura "Sedação" da mão direta (Posição 2).

Posição Final:
Abaixar os braços ao longo do corpo.

Requisitos para Execução

. Massagear o ponto Sedação transversalmente com a ponta do polegar da outra mão.
. Fechar os olhos e tocar o palato superior com a ponta da língua, concentrando a mente.

Sensação na Execução

Dor sensível e sensação de expansão no local.

Indicação Terapêutica

Neurastenia, insônia, vertigem, palpitação, disfunções do estômago e intestino, enjôo e salivação.

Objetivo

Amenizar indisposições na cabeça e face, aumentar o efeito da massagem na face, através da massagem do ponto Sedação (Suei Mien Xue), um novo ponto de acupuntura vizinho ao ponto tradicional "He-Gu".

Evitar

1. Afrouxar as mãos.

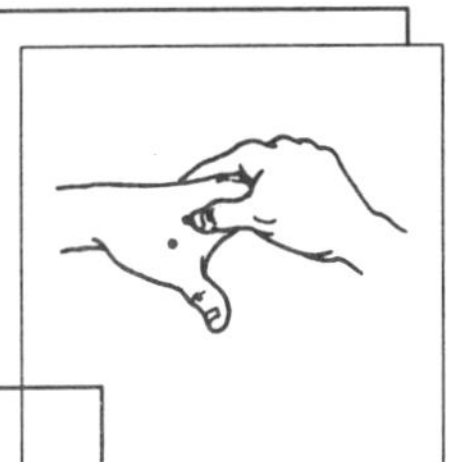

Atuação Terapêutica

Vide anexo.

Terapia 13

Massagear o Peito e o Abdômen

Sentido horário

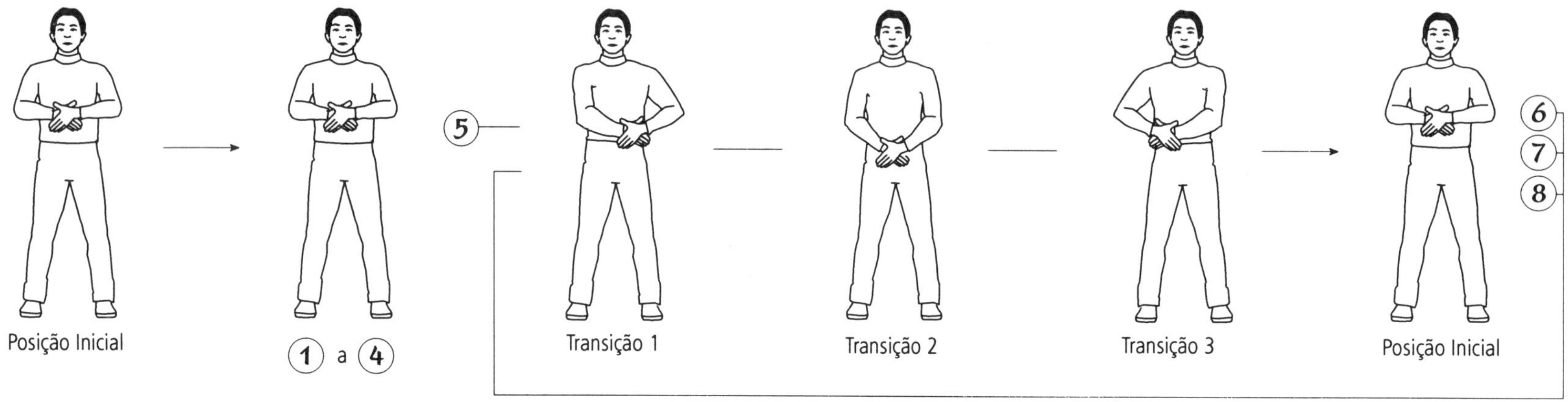

Sentido anti-horário

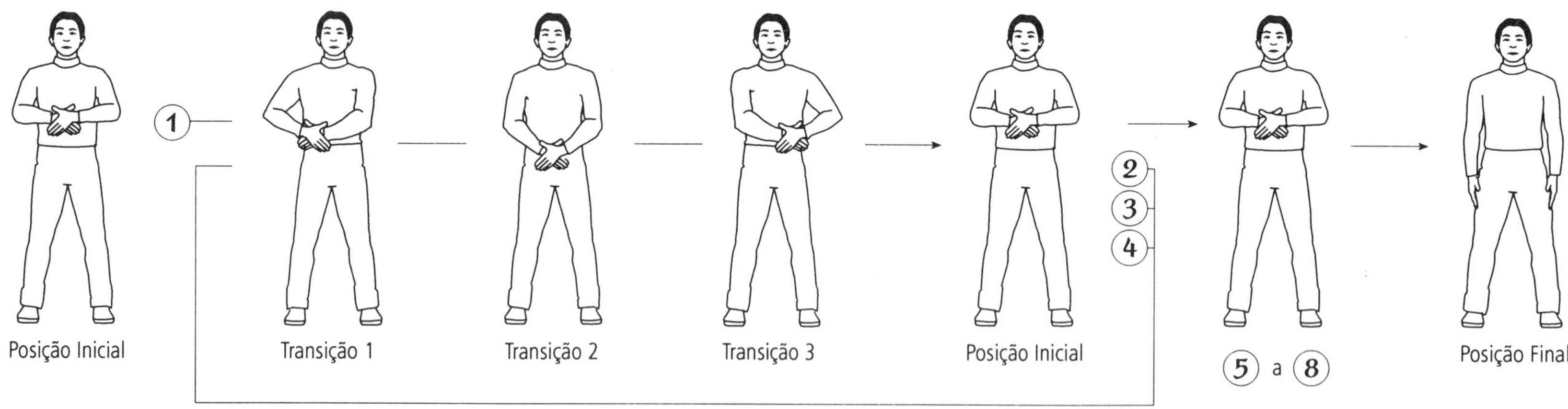

Massagear o Peito e o Abdômen

série 6 - exercício 2

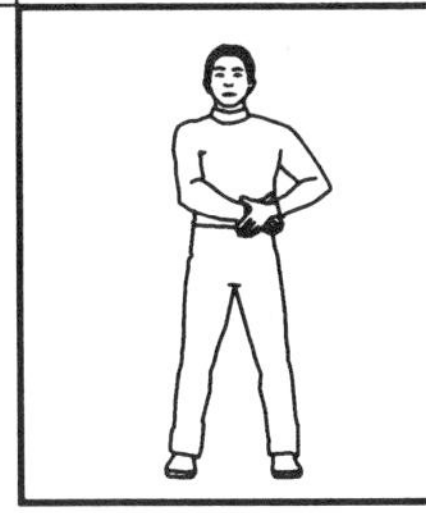

Execução do Movimento

Posição Inicial:

Pés separados na largura dos ombros, mãos sobrepostas (esquerda em cima da direita) no abdômen superior.

(1) (2) (3) (4) Massagear o abdômen superior movendo ambas as mãos em círculos pequenos, no sentido horário (Posição Inicial).

(5) (6) (7) (8) Deslizar as mãos do abdômen superior passando sobre o lado esquerdo do umbigo (Transição 1) até o baixo-ventre (Transição 2). Deslizar as mãos do baixo-ventre passando sobre o lado direito do umbigo (Transição 3) até o abdômen superior (Posição Inicial).

(1) (3) Deslizar as mãos do abdômen superior passando sobre o lado direito do umbigo (Transição 1) até o baixo-ventre (Transição 2).

(2) (4) Deslizar as mãos do baixo-ventre passando sobre o lado esquerdo do umbigo (Transição 3) até o abdômen superior (Posição Inicial).

(5) (6) (7) (8) Massagear o abdômen superior em círculos pequenos no sentido anti-horário (Posição Inicial).

Posição Final:

Abaixar os braços ao longo do corpo.

Requisitos para Execução

. Ao massagear é necessário que o corpo esteja imóvel e a palma aderida ao peito e abdômen. Os olhos direcionados para a frente, mente concentrada e músculos relaxados.

. Coordenar a respiração com o movimento, inspirar quando as mãos circulam para cima e expirar ao circular para baixo.

Sensação na Execução

Sensação de calor no abdômen, sensação prazerosa no peito, algumas vezes provoca arroto e eliminação de gases intestinais.

Indicação Terapêutica

Desordens funcionais do sistema gastrointestinal, falta de apetite, diarréia crônica, gastralgia, constipação, dores no baixo-ventre (nas mulheres).

Objetivo

Desbloquear os meridianos Yin do abdômen, para melhorar as funções do fígado, vesícula, estômago, baço, rins e expandir o fígado oprimido, suprindo os rins e recuperando baço e estômago. Os pontos de acupuntura a serem massageados são: "Zhong-Wan", "Qi-Hai", "Guan-Yuan" no meridiano Vaso Concepção, o qual é chamado de "Mar de todos os meridianos Yin", pois controla todos os meridianos Yin do corpo.

Zhong-Wan (VC12)
Centro do Estômago

Localização: Na linha mediana frontal, 4 polegadas acima do umbigo.
Indicação: Tratar de gastralgia, constipação e digestão difícil.

Qi-Hai (VC6)
Mar de Qi

Localização: Na linha mediana frontal, 1,5 polegadas abaixo do umbigo.
Indicação: Dor abdominal, desmenorréia.

Guan-Yuan (VC4)
Celeiro do Qi Primordial (1)

Localização: Na linha mediana frontal, três polegadas abaixo do umbigo.
Indicação: Tratar de dor abdominal, dismenorréia.

(1) Qi primordial: Qi pré-natal (inata) que mantém as funções fisiológicas e os tecidos do corpo e dos órgãos. É formado durante o desenvolvimento do feto e armazenado nos rins e está relacionado com o "Min-Meng" (Porta da Vida).

Atuação Terapêutica

Zhong Wan (a), Qi-Hai (b) e Guan-Yuan (c).

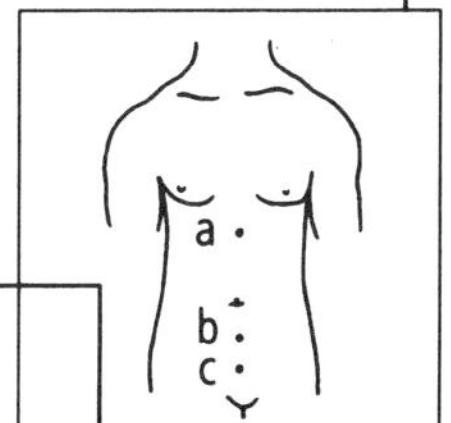

Terapia 14

Pentear o Cabelo Girando a Cintura

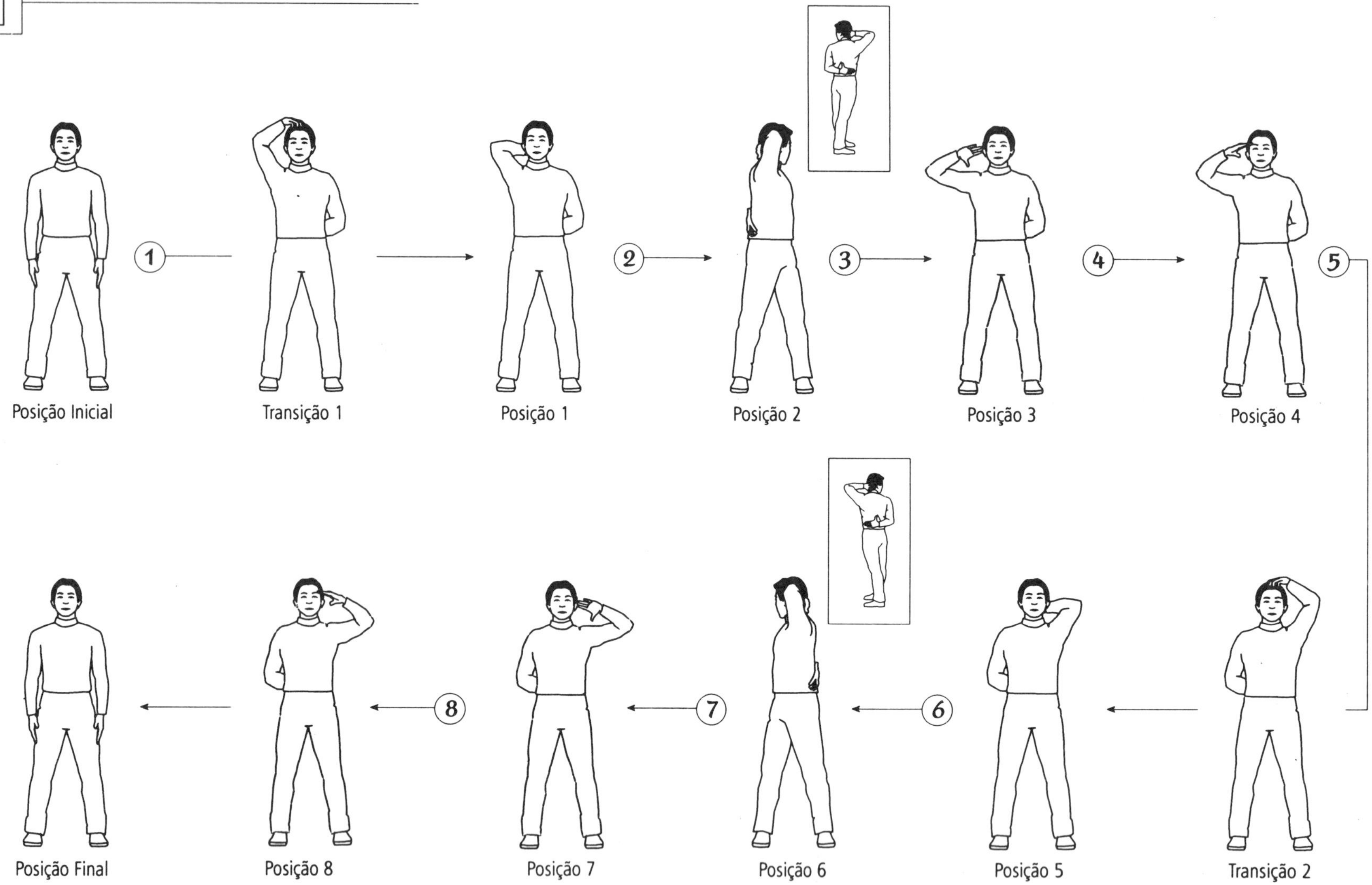

Pentear o Cabelo Girando a Cintura

série 6 - exercício 3

Execução do Movimento *

Posição Inicial:
Pés separados na largura dos ombros, braços ao longo do corpo.

(1) Posicionar a palma direita na cabeça, com os dedos voltados para a frente sobre o couro cabeludo (onde começa o cabelo) e o dorso da mão esquerda sobre a região lombar (Transição 1). Passar os dedos ao longo do couro cabeludo (meridiano Du) até o ponto "Feng-Chi"(na base do crânio) como se estivesse penteando o cabelo (Posição 1).

(2) Girar o tronco para a esquerda e passar transversalmente os dedos pelo ponto "Feng-Chi" várias vezes (Posição 2).

(3) Mover os dedos para a frente do ponto "Feng-Chi" até "Shuai-Gu" e massagear várias vezes friccionando o ponto (Posição 3).

(4) Passar para o ponto "Tai-Yang" e friccioná-lo várias vezes (Posição 4).

(5) Posicionar a palma esquerda na cabeça, com os dedos voltados para a frente sobre o couro cabeludo (onde começa o cabelo) e o dorso da mão direita sobre a região lombar (Transição 2). Passar os dedos ao longo do couro cabeludo (meridiano Du) até o ponto "Feng-Chi"(na base do crânio) como se estivesse penteando o cabelo (Posição 5).

(6) Girar o tronco para a direita e passar transversalmente os dedos pelo ponto "Feng-Chi" várias vezes (Posição 6).

(7) Mover os dedos para a frente do ponto "Feng-Chi" até "Shuai-Gu" e massagear várias vezes friccionando o ponto (Posição 7).

(8) Passar para o ponto "Tai-Yang" e friccioná-lo várias vezes (Posição 8).

Posição Final:
Abaixar os braços ao longo do corpo.

Requisitos para Execução

. Arranhar e "pentear" os pontos pressionando os dedos na cabeça para mobilizar a força interior que flui lenta e ininterruptamente.

. Praticar com concentração da mente e respirar uniforme e naturalmente.

Sensação na Execução

Sensação prazerosa na cabeça.

Indicação Terapêutica

Vertigem, obscurecimento da vista, insônia, palpitação, etc.

Objetivo

Desbloquear os meridianos da cabeça, permitindo o fluir do qi e do sangue. Os movimentos de "arranhar" e "pentear" os pontos de acupuntura na cabeça têm o efeito de "clarear a mente e esfriar a cabeça".

Evitar

1. Inclinar a cabeça e o tronco.
2. Respirar descoordenadamente, mãos frouxas e mente desconcentrada .

* Para descrição dos pontos de acupuntura vide exercício 1 desta mesma série: "Massagear o Rosto e o ponto Sedação".

Atuação Terapêutica

Shuai-Gu (a), Bai-Hui (b), Shang-Xing (c), Fa-Ji (d), Tai Yang (e) e Feng-Chi (f).

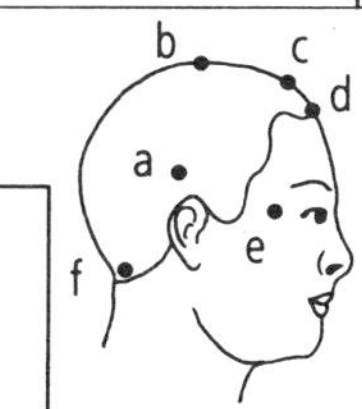

Terapia 15

Levantar a Palma e o Joelho Oposto

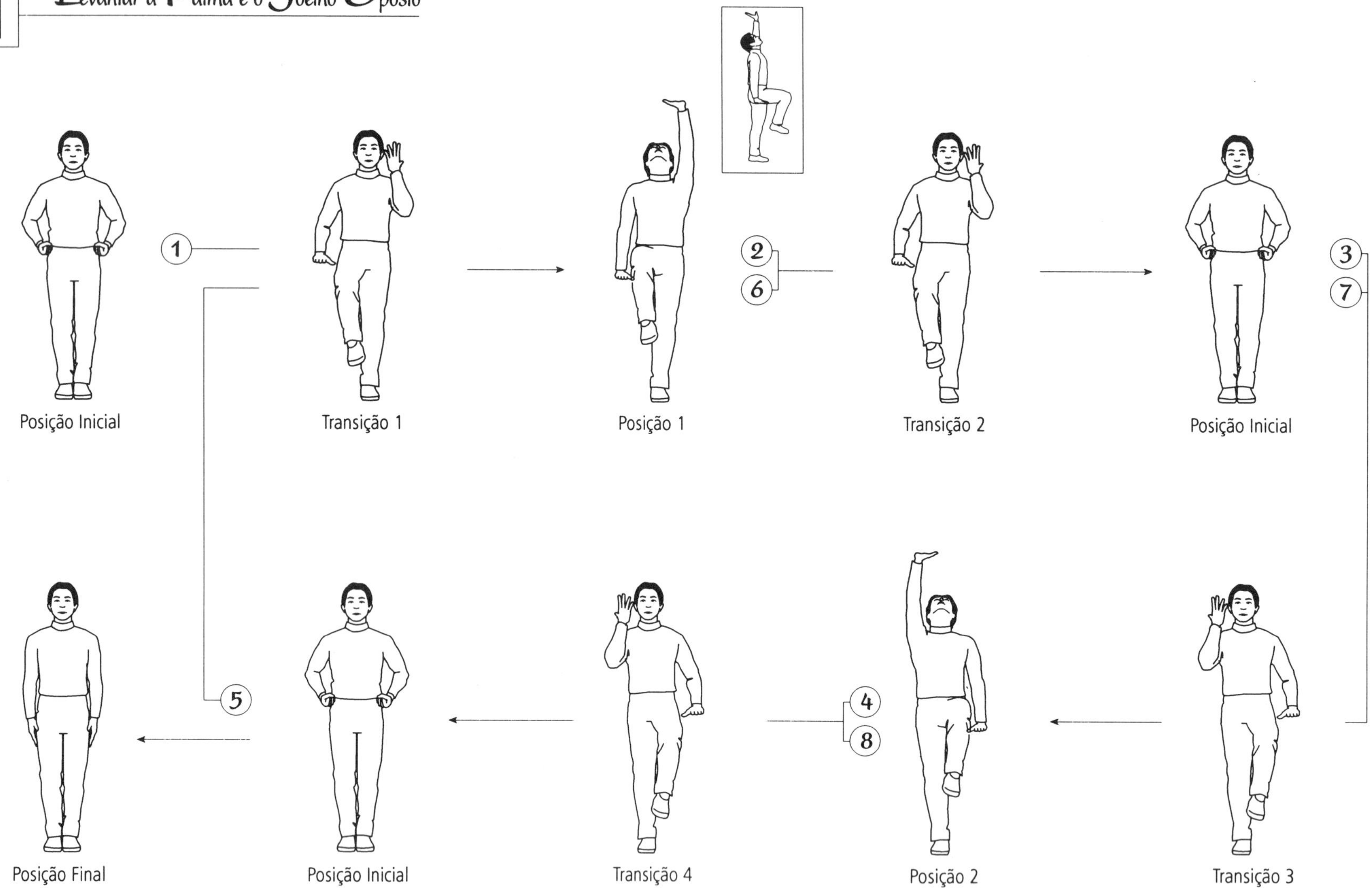

Levantar a Palma e o Joelho Oposto

série 6 - exercício 4

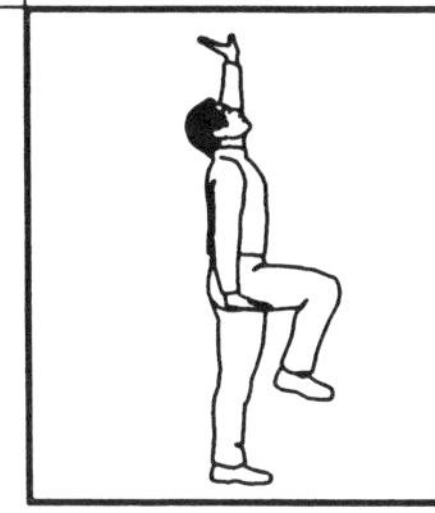

Execução do Movimento

Posição Inicial:

Pés juntos, punhos posicionados do lado do corpo.

(1) (5) Girar o punho esquerdo para cima e o direito para baixo, abrindo as palmas. Deslocar o centro de gravidade para a perna esquerda (Transição 1). Estender o braço esquerdo (palma virada para cima) e empurrar a palma direita para baixo, flexionando a perna direita na articulação da virilha, erguendo o joelho na altura da pélvis (Posição 1).

(2) (6) Recolher os braços pousando a perna direita (Transição 2). Voltar à posição inicial.

(3) (7) Girar o punho direito para cima e o esquerdo para baixo, abrindo as palmas. Deslocar o centro de gravidade para a perna direita (Transição 3). Estender o braço esquerdo (palma virada para cima) e empurrar a palma esquerda para baixo, flexionando a perna esquerda na articulação da virilha, erguendo o joelho na altura da pélvis (Posição 2).

(4) (8) Recolher os braços pousando a perna esquerda (Transição 4). Voltar à posição inicial.

Posição Final:

Abaixar os braços ao longo do corpo.

Requisitos para Execução

. Para iniciantes será difícil firmar a postura e erguer o joelho. No entanto, ao se praticar o exercício com perseverança, depois de algum tempo se conseguirá realizar o exercício corretamente; pode-se então aumentar o vigor e força interna na execução.

. Ao levantar o joelho, o tronco permanece ereto e os braços eretos com uma das palmas empurrando o céu e a outra a terra.

Sensação na Execução

Alívio nos ombros, braços, glúteos e pernas, sensação prazerosa no peito e pernas.

Indicação Terapêutica

Vertigem, fadiga, dispnéia, suor profuso, falta de apetite, dor sensível na coluna lombar, dor sensível nos músculos dos braços e pernas.

Objetivo

Aumentar a amplitude da movimentação do diafragma, através do alongamento dos músculos do peito e abdômen, possibilitando uma eficaz melhora na função do coração e pulmão, promovendo a circulação do qi e do sangue e restaurando as funções do "Triplo Aquecedor" (1).

Aumenta também a força das pernas.

105

(1) Triplo Aquecedor: É uma função fisiológica, que coordena todas as funções do metabolismo da água. É composto de: aquecedor superior (espalha o qi), acima do diafragma, aquecedor médio (digere e transforma o qi), situado no abdômen abaixo do diafragma e acima do umbigo, e aquecedor inferior (excreta qi), situado abaixo do estômago.

Evitar

1. Tronco inclinado e braço curvado.

2. Respiração sem coordenação com o movimento.

Atuação Terapêutica

Aumento da amplitude de movimentação do diafragma.

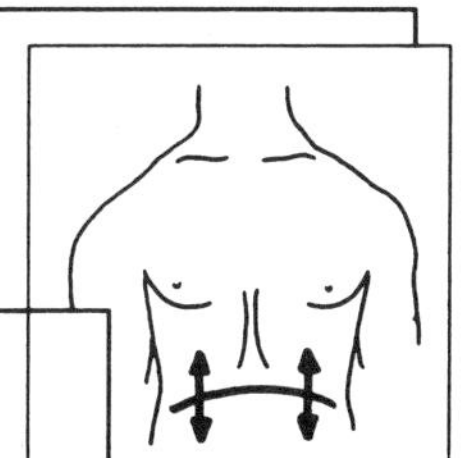

Terapia 16

Girar o Tronco e Inclinar para a Frente e para Trás

Repetir o exercício para o outro lado.

Girar o Tronco e Inclinar para a Frente e para Trás

série 6 - exercício 5

Execução do Movimento

Posição Inicial:

Pés separados na largura dos ombros, punhos posicionados ao lado do corpo.

(1) Girar as mãos, abrindo-as, e impulsionar as palmas para cima (dedos voltados para dentro). Olhar para o dorso das mãos (Posição 1).

(2) Abaixar os braços pelo lado do corpo com as palmas viradas para baixo e olhando para a mão esquerda (Transição 1). Segurar a cintura com as palmas posicionadas na região lombar com o polegar voltado para a frente (Posição 2).

(3) Girar o tronco para a esquerda (olhar para trás) (Posição 3).

(4) Girar o tronco para a direita (olhar para trás) (Posição 4).

(5) Voltar à frente (Posição 5).

(6) (Posição 6).

(7) Inclinar o tronco para trás (Posição 7).

(8) Voltar à posição inicial (Posição 8).

Repetir o movimento de (1) a (8).

(1) Idem.

(2) Idem olhando a mão direita.

(3) Girar o tronco à direita.

(4) Girar o tronco à esquerda.

(5) (6) (7) (8) Idem.

Posição Final:

Abaixar os braços ao longo do corpo.

Requisitos para Execução

. Respiração natural e regular.

. Tronco ereto.

. Pernas esticadas.

Sensação na Execução

Alívio no pescoço, ombros, cintura e pernas.

Objetivo

Fortalecer os músculos da parede abdominal e região lombar, através do movimento de girar, curvar e estender o tronco.

Recuperar as funções do baço e estômago, reforçando os rins e fortalecendo a região lombar.

Indicação Terapêutica

Deficiência do qi dos rins, fadiga, vertigem, obscurecimento da vista e zumbido no ouvido.

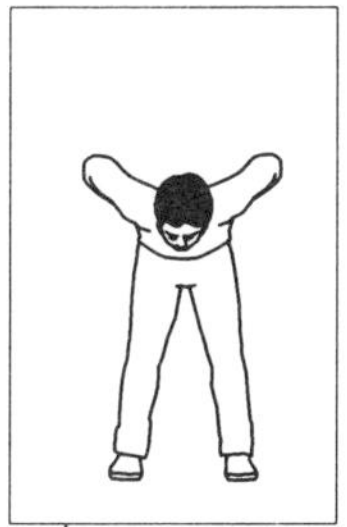

Evitar

1. Cotovelo erguido ao curvar para a frente e cabeça pendida para baixo.

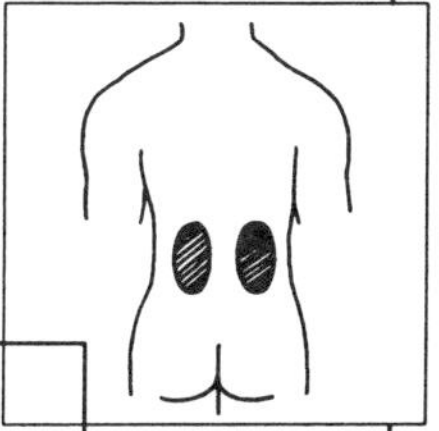

Atuação Terapêutica

Qi dos rins.

Terapia 17

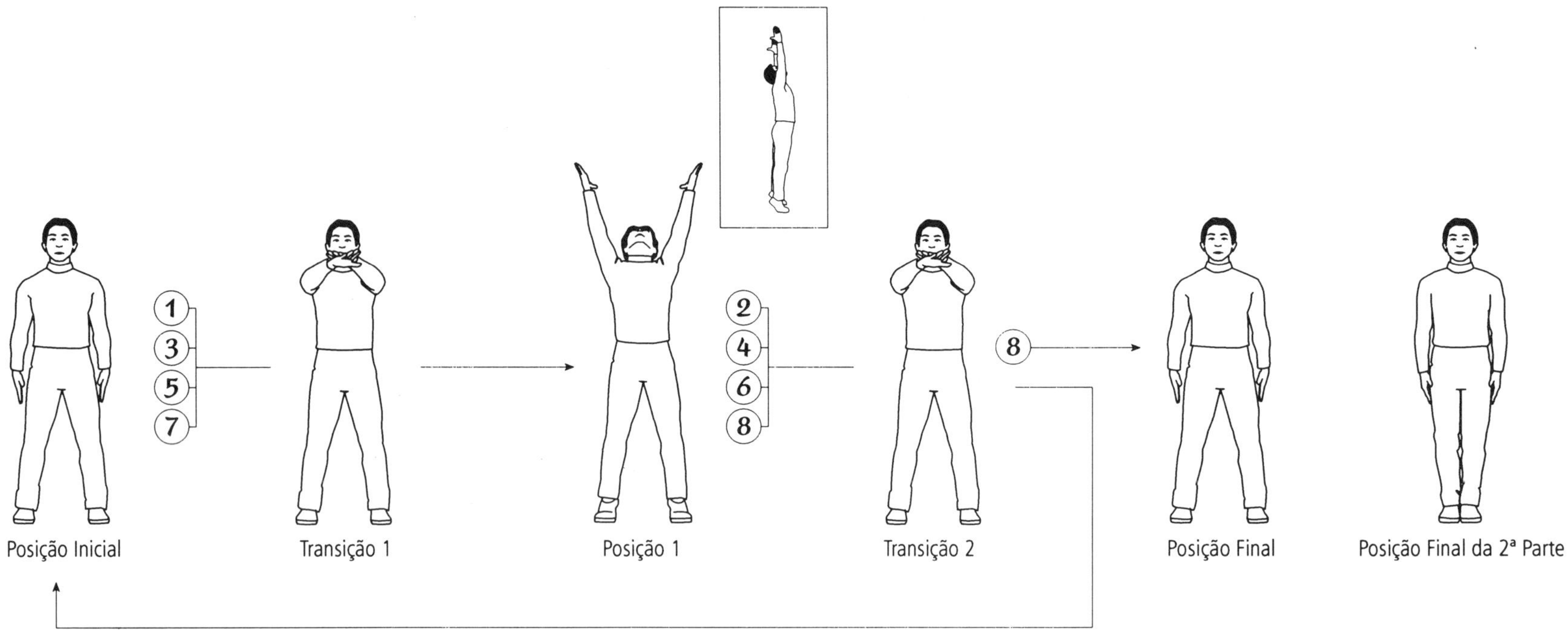
1
3
5
7
2
4
6
8
8
Posição Inicial
Transição 1
Posição 1
Transição 2
Posição Final
Posição Final da 2ª Parte

Esticar os Braços Levantando os Calcanhares

série 6 - exercício 6

Execução do Movimento

Posição Inicial:

Pés separados na largura dos ombros, braços ao longo do corpo.

(1) (3) (5) (7) Erguer os braços pela frente do corpo cruzando as mãos na altura do tórax (Transição 1) e erguer e abrir os braços lateralmente acima da cabeça, inspirando e levantando a cabeça e os calcanhares simultaneamente (Posição 1).

(2) (4) (6) (8) Abaixar os braços pela frente do corpo, pousando os calcanhares (Transição 2), voltando à posição inicial.

Posição Final:

Idem à posição inicial.

Requisitos para Execução

. Respiração lenta, regular e natural.

. Manter os braços esticados, enquanto os alonga para cima.

Sensação na Execução

Sensação prazerosa no peito.

Objetivo

Os movimentos desta autoterapia expandem o peito.

A ação de esticar os braços e levantar os calcanhares é efetiva em aumentar as funções do coração, pulmões e rins, vencendo a fadiga.

Indicação Terapêutica

Dispnéia, bronquite e outras doenças do sistema respiratório e circulatório sanguíneo.

Evitar

1. Abrir muito os braços para os lados ao erguê-los (o ângulo entre os braços não deve ser maior que 35°).
2. Prender a respiração.

Atuação Terapêutica

Expansão do peito.

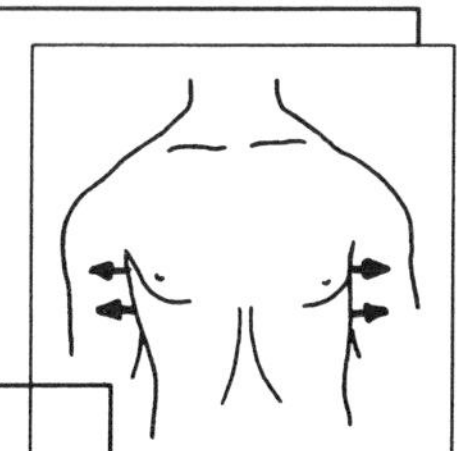

Terapia 18

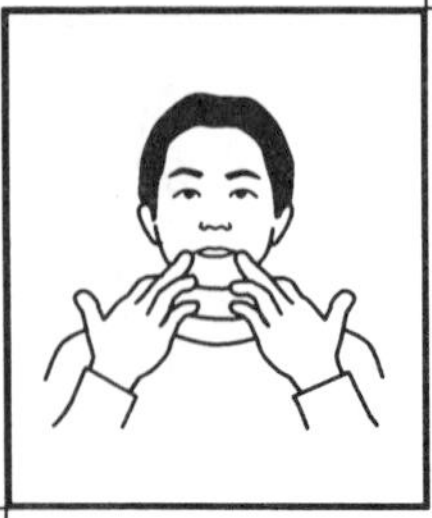

Pontos de Acupuntura

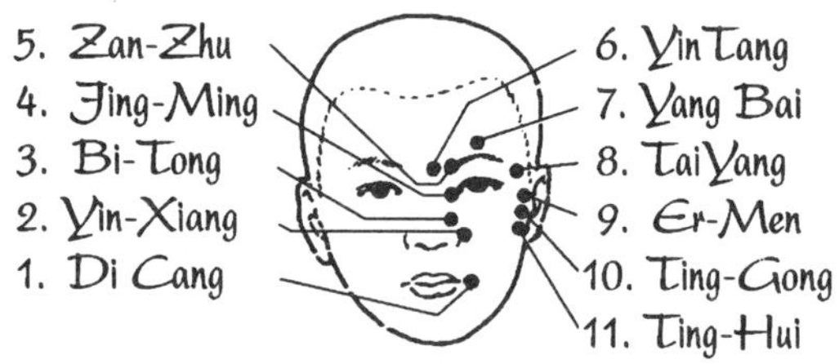

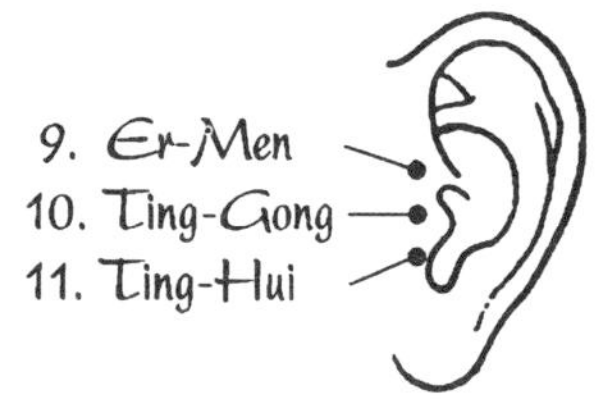

1. Di-Cang (E 4)
Celeiro da Terra
Localização: Na face diretamente abaixo da pupila e ao lado do canto da boca.
Indicação: Nevralgia, paralisia facial e salivação pelo ângulo da boca.

2. Ying-Xiang (IG 20)
Encontro com a Fragrância
Localização: Na cavidade nasolabial, do lado do ponto médio da borda lateral da asa do nariz.
Indicação: Melhorar o sentido do olfato e tratar de nariz tapado, resfriado, paralisia facial e pólipos.

3. Bi-Tong (extra)
Desbloquear o Nariz
Localização: No final superior da linha nasolabial do lado do nariz.
Indicação: Trata de nariz tapado, pólipo nasal, rinite e escorrimento nasal.

4. Jing-Ming (B1)
Olho Brilhante
Localização: Na depressão a uma polegada acima do canto interno dos olhos.
Indicação: Este ponto dá brilho aos olhos e trata de dor nos olhos, miopia, cegueira noturna.

5. Zan-Zhu (B2)
Bosque de Bambu
Localização: Na depressão do canto interno das sobrancelhas.
Indicação: Atuar em dor de cabeça, visão turva, conjuntivites, paralisia facial.

6. Yin-Tang (Extra)
Sala do Selo Real
Localização: Situado entre as pontas externas das sobrancelhas, na linha perpendicular que passa pela ponta do nariz.
Indicação: Tratar de dor de cabeça, vertigem, sinusite e doenças do nariz.

7. Yang-Bai (VB14)
Claridade Yang
Localização: Na fronte diretamente acima da pupila, uma polegada acima da linha que passa no meio das sobrancelhas.
Indicação: Clarear os olhos, tratar de nevralgia do trigêmeo, cegueira noturna, doenças nos olhos.

8. Tai-Yang (Extra)
Yang Supremo
Localização: Na parte temporal da cabeça, na depressão a um dedo de distância do ponto entre o final da sobrancelha e o canto externo do olho.
Indicação: Tratar de dor de cabeça, enxaqueca e paralisia facial.

9. Er-Men (TA21)
Porta do Ouvido
Localização: Na orelha, no ângulo formado pelo trago e hélix, logo acima do Processo Condilóide da mandíbula, numa depressão formada quando a boca é aberta.
Indicação: Tratar de surdez e zumbido no ouvido.

10. Ting-Gong (ID19)
Palácio da Escuta
Localização: Na face, anterior ao trago e posterior no Processo Condilóide mandibular, na depressão encontrada quando a boca está aberta.
Indicação: Tratar de surdez e zumbido no ouvido.

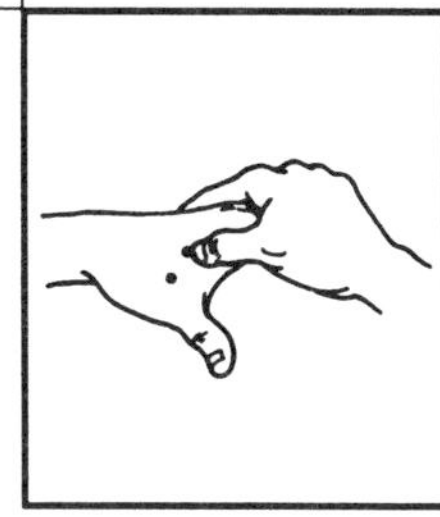

Pontos de Acupuntura

11. Ting-Hui (VB2)
Encontro com a Audição
Localização: Em frente ao trago da orelha na depressão posterior ao Processo Condilóide da mandíbula, quando a boca está aberta.
Indicação: Melhorar a audição, tratar de surdez e zumbido no ouvido.

12. Fa-JI (Extra)
Borda do Cabelo
Localização: Na linha perpendicular que passa pela ponta do nariz na borda frontal dos cabelos.
Indicação: Tratar de dor de cabeça, nariz tapado e epistaxe.

13. Shang-Xing (VG23)
Estrela Superior
Localização: Na linha mediana do crânio a uma polegada da linha frontal dos cabelos.
Indicação: Tratar de dor de cabeça, epistaxe, rinite e sinusite.

14. Bai-Hui (VG20)
Reunião de Centenas
Localização: A cinco centímetros sobre o ponto médio da linha anterior do cabelo, no ponto médio da linha conectando os ápex de ambas as orelhas.
(O ponto que está no vértice é o local de reunião dos 3 meridianos Yang dos pés, o meridiano do fígado e o vaso governador).
Indicação: Tratar de apoplexia, dor de cabeça, vertigem e prolapso retal.

15. Shuai-Gu (VB8)
Comando do Vale
Localização: A um centímetro e meio acima do ápex das orelhas, sobre a linha do cabelo.
Indicação: Tratar de dor de cabeça e sensação de cabeça "cheia".

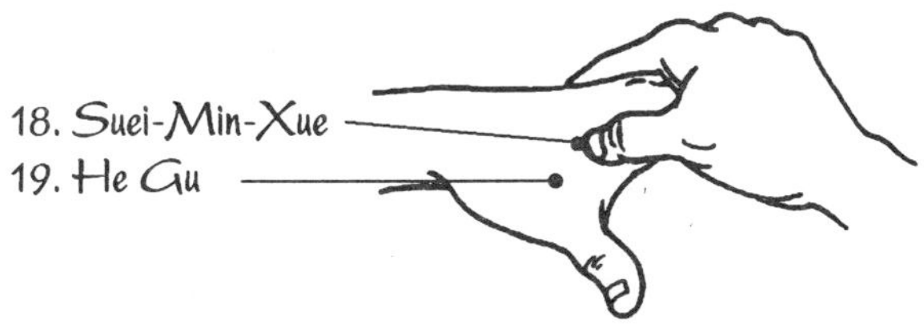

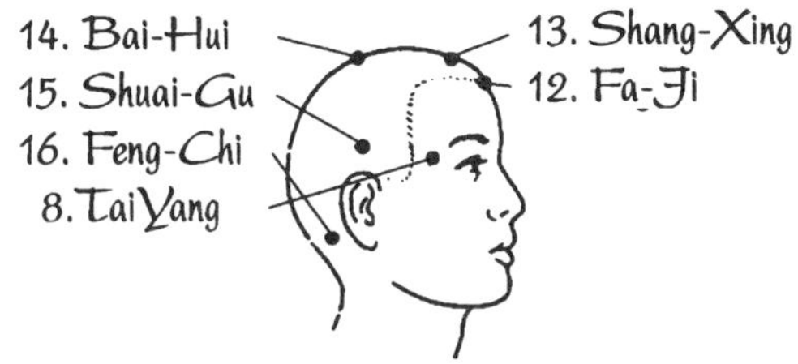

16. Feng-Chi

16. Feng-Chi (VB20)
Piscina do Vento
Localização: Depressão abaixo do osso occipital, na face costal do pescoço a 1,5 polegada da linha mediana, na protuberância mastóide.
Indicação: Dor de cabeça, hipertensão, resfriado, vertigem. 111

17. Jing-Ya-Gou (Ponto Novo)
Cavidade para abaixar a pressão
Localização: Na parte posterior das orelhas.
Indicação: Tratar de hipertensão.

18. Suei-Mien-Xue (Ponto Novo)
Ponto de Sedação
Localização: Próximo ao ponto He-Gu, na base do dedo indicador.
Indicação: Tratar de insônia, neurastenia e sono agitado.

19. He-Gu (IG4)
Entroncamento do Vale
Localização: Face dorsal da mão, no ângulo dos dois primeiros metacarpos.
Indicação: Utilizado para quase todos os problemas, entre eles enxaqueca e constipação.

" Quem conhece os outros é inteligente
Quem conhece a si mesmo é sábio
Quem vence os outros é forte
Quem vence a si mesmo é poderoso
Quem se faz valer
Tem força de vontade
Quem é auto-suficiente é rico
Quem não perde o seu lugar é estável
Quem, mesmo na morte, não perece,
Esse vive"

Dao De Jing
verso 33

5.1. Yin e Yang

陰 陽

yin yang

" No alvorecer dos tempos, o universo era um caos obscuro, uma massa amorfa, onde nada se distinguia. No centro dessa massa informe, que se assemelhava a um ovo, germinou e desenvolveu-se o gigante Pan Gu, a primeira criatura do universo. Ao abrir os olhos, Pan Gu deu-se conta do caos em que vivia e decidiu pô-lo em ordem. Pegou um machado e, com um poderoso golpe, partiu o ovo em pedaços. Os elementos mais leves elevaram-se flutuando para o alto e se converteram no céu, os elementos mais pesados precipitaram-se para baixo e se converteram na terra. "

("O Gigante Pan Gu Abre o Céu e Estende a Terra", mito chinês de criação do universo)

Os chineses consideram o céu e a terra como os pais ancestrais do mundo fenomênico. Portanto, tudo o que tem forma possui o seu lado materno, que é a natureza terrestre, e o seu lado paterno, a natureza celeste. O *yin* e *yang* são dois símbolos utilizados para representar e explicar esta visão dialética na qual tudo o que tem forma e é percebido pela consciência e pelos sentidos submete-se às leis que regem a interação do *yin* e *yang*.

" Em todas as coisas no universo o yin abraça o yang, e o yang carrega o yin."

Esta frase de *Lao Zi*, sábio e filósofo chinês que viveu no 6° século a.C., focaliza um universo que se cria, transforma-se e se mantém através da dança das polaridades: *yang* (natureza celeste), que representa leveza, firmeza, expansão, claridade, serenidade, criatividade, e *yin* (natureza terrestre), que representa densidade, maleabilidade, contração, opacidade, movimento, gestação. Portanto, *yin* e *yang* não são energias, substâncias ou matéria, e sim **símbolos** que representam a dualidade existente na miríade de coisas e que os sujeitam aos seguintes princípios:

a. Oposição entre *yin* e *yang*

Como as duas faces de uma moeda, as características opostas simbolizadas pelo *yin* e *yang* existem em todas as coisas na natureza. Movimento e repouso, céu e terra, alto e baixo, frente e trás, calor e frio são qualidades que se opõem e se controlam mutuamente.
Por exemplo: no corpo humano os músculos agonistas e antagonistas, flexores e extensores se opõem e se controlam mutuamente.

b. Relatividade do *yin* e *yang*

Não se pode classificar algo como *yin* ou *yang* de forma absoluta; tudo é relativo.
Por exemplo: no corpo humano a região ventral é *yin* se comparada com a dorsal, porém é *yang* se comparada com os membros inferiores.

Além disso, dentro de cada elemento classificada como *yin* e *yang*, distingue-se novamente o *yin* e *yang*.
Por exemplo: no tórax, a região ventral é *yin* em relação à região dorsal, porém na região ventral o peito é *yang* em relação ao abdômen.

c. Interdependência entre *yin* e *yang*
O *yin* não existe sem o *yang* e o *yang* não sobrevive sem o *yin*. Estas duas naturezas não podem existir isoladamente. Não há alto se não existe baixo, não há frente se não existe trás.
Por exemplo: O *qi* (sopro vital) é de natureza *yang* comparado com o sangue, que é de natureza *yin*; o *qi* governa e movimenta o sangue, e o sangue sustenta o *qi*. Sem o *qi* o sangue não é produzido e sem o sangue o *qi* se exaure.

d. Equilíbrio dinâmico de crescimento e diminuição do *yin* e *yang*
A interdependência e a limitação exercidas mutuamente pelo *yin* e *yang* não são estáticas e sim dinâmicas. O crescimento e a diminuição de *yin* e *yang* se processam dentro de um equilíbrio dinâmico.
Por exemplo: Na natureza, durante o dia a exalação do *yang* cresce e a do *yin* diminui, e à noite a exalação do *yin* cresce e a do *yang* diminui.
No movimento de andar, enquanto um pé fica "cheio" sustentando o peso do corpo, o outro fica fica "vazio" e leve.

e. Intertransformação entre *yin* e *yang*
O *yang* pode se transformar em *yin* e vice-versa. Esta transformação ocorre quando o crescimento de uma das polaridades atinge o auge e dá nascimento a outra polaridade. Isto só é possível porque dentro do *yang* existe o *yin* e dentro do *yin* existe o *yang*.
Por exemplo: Na natureza, durante o verão tardio a expansão e o calor atingem o seu auge e se transformam em seu oposto: o recolhimento e o frio do outono.

Nas práticas corporais, o movimento de expansão ao atingir o seu auge se transforma em movimento de recolhimento.

A teoria do *yin-yang* constituía a metodologia científica para o estudo das ciências naturais na antiga China. Na medicina tradicional chinesa é aplicada na explicação das funções fisiológicas e das transformações patológicas do corpo. Nas artes corporais chinesas (exercícios, danças e artes guerreiras) é aplicada nas posturas básicas e na harmonia de seus encadeamentos.

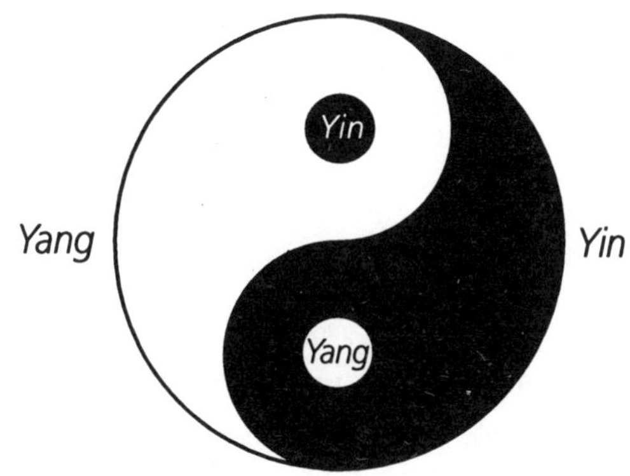

Tai Ji - Pólo Supremo

5.2. Qi - Sopro Vital

米	+	气	=	氣
arroz (nutritivo)		vapor (móvel e aéreo)		qi (ar vital)

"O espaço entre o céu e a terra é como uma flauta.
Vazia e, ainda assim, inesgotável.
Quando soprada, mais e mais sons produz."
(Lao Zi, "Dao De Jing", verso 5)

O ideograma *qi* revela a sua natureza aérea e volátil. Os chineses o consideram um sopro vital que, à semelhança do "sopro de vida" do qual fala a Bíblia, anima toda a vida no universo. Ele envolve todas as coisas por fora e as preenche por dentro.

O *qi* é invisível e intangível, não é energia nem matéria, é um elemento etéreo que potencialmente pode se transformar tanto em matéria quanto em energia, na medida em que é canalizado para uma ou outra finalidade. Os chineses não questionam a sua existência e atribuem-lhe a origem de todas as coisas no universo; se as coisas crescem e se desenvolvem é pela sua presença; se fenecem e morrem, é pela sua ausência. Portanto, o *qi* é definido pelo efeito de sua atuação.

Na realização das práticas corporais chinesas, as sensações de calor, formigamento ou intumescimento ácido não é o *qi* propriamente dito, mas é o indicador de sua presença e atuação.

Na medicina tradicional chinesa o *qi* é considerado uma substância fundamental para a manutenção da vida. As atividades fisiológicas são explicadas a partir de seu movimento contínuo e de suas mutações, e lhe são atribuídas as seguintes funções:

- promove o crescimento e desenvolvimento do corpo;
- transforma o alimento ingerido para formar o sanguem e os fluidos corporais;
- aquece o corpo;
- protege o corpo de invasões de qi perverso externo (vento, frio, umidade, calor e fogo);
- mantém os órgãos em seus devidos lugares;
- governa a circulação do sangue e controla os fluidos do corpo (suor, urina, saliva, sêmen, fluido gástrico e intestinal), evitando a extravasão destas substâncias;
- governa o metabolismo.

No corpo humano, os chineses classificam o *qi* em vários tipos, de acordo com a sua localização e associação com funções específicas, por exemplo:

- *Qi* dos órgãos: localizado nos órgãos e associado às suas funções.
- *Qi* dos meridianos: flui pelos meridianos.
- *Qi* nutritivo: associado ao sangue.
- *Qi* do peito: localizado no peito e associado à respiração, à voz e às batidas do coração.

Porém o seu estado original fundamental, comum a todos estes tipos, é denominado *zhen-qi* (*qi* verdadeiro), e sua formação depende de três fontes:

眞 氣

zhen qi

- *Qi* pré-natal : transmitido dos pais para os filhos na concepção. Está armazenado nos rins.
- *Qi* terrestre: proveniente da água e dos grãos, derivado da digestão dos alimentos pelo baço e o estômago.
- *Qi* celeste: extraído pelos pulmões do ar que respiramos.

Estes três *qi*, portanto, compõem o *zhen qi* (*qi* verdadeiro) que preenche o corpo inteiro, sendo que não há lugar que não o possua e onde ele não alcance.

O *qi* se move de forma contínua fluindo pelos tecidos, órgãos e meridianos, em quatro direções básicas: partindo de um centro, ele ascende, descende, entra e sai. Quando a sua movimentação está harmoniosa, o corpo se mantém saudável, caso contrário sobrevém a doença. Portanto, o movimento do *qi* é a chave para manter o equilíbrio das várias funções psicofisiológicas.

O *qi*, relativamente a outras substâncias do corpo - sangue e fluidos corporais - é de natureza *yang*. Porém esta não é uma condição absoluta, pois como todas as coisas pertencentes ao mundo fenomênico, ele está sujeito às leis que regem a interação do *yin* e *yang*. Assim, o *qi* é chamado de perverso ou patogênico na medicina tradicional chinesa quando apresenta um desequilíbrio na harmonia do *yin* e *yang*; e é chamado correto ou antipatogênico, quando mantém o equilíbrio dinâmico entre *yin* e *yang*. Por exemplo: o *qi* retardado apresenta desequilíbrios de natureza *yin*, pois se refere à sua inabilidade de se mover, por estar exaurido; quando sua movimentação é harmoniosa , existe equilíbrio dinâmico entre *yin* e *yang*.

5.3. Nei Jing - Força Interna

"Que a intenção (Yi) lidere o qi,
que este dê origem a força interna (nei jing),
e que a força interna alcance as quatro extremidades."
(Princípio das artes corporais tradicionais chinesas)

內 勁

nei (interna) jing (força)

O *nei jing* (força interna) é o oposto da força muscular. Enquanto esta nasce do músculo e é limitada, a força interna nasce do *zhen qi* (*qi* verdadeiro), é ilimitada, precede e preside à força muscular. Estas duas forças opostas interagem e se complementam uma à outra.

A força interna exercita e ordena os músculos, tendões e ossos estes, por sua vez, não obstaculizam o fluxo do *zhen qi*. Pelo contrário, colaboram para que o mesmo circule plenamente, abrindo os meridianos e potencializando ainda mais a força interna *(nei jing)*.

"O método é: treinar o que tem forma (músculo, tendões e ossos) para serem os colaboradores daqueles sem forma (qi); cultivar o que não tem forma para assistir o que tem forma.[1]***"***

意 = 音 + 心

yi (intenção)	som	coração

A força muscular é mecânica e depende dos músculos, tendões e ossos; não tem continuidade e o seu efeito termina quando o potencial dos músculos, tendões e ossos declinam.

A força interna *(nei jing)* flui incessantemente pelo corpo alimentado pelas fontes do *zhen qi* (*qi* verdadeiro) [(2)]. Ela mostra o seu potencial quando requisitada por uma intenção *(yi)* que a direciona. A intenção, por sua vez, depende de uma mente concentrada e um coração tranqüilo, requisitos básicos para gerar a força interna que anima o movimento do corpo para a ação desejada.

"Deve-se buscar o movimento dentro da serenidade,
e encontrar a serenidade dentro do movimento."
(Princípio das artes corporais chinesas)

Para cultivar a força interna, os movimentos devem ser realizados de forma lenta, contínua e homogênea, acompanhados de respiração natural e coordenada. Não é possível realizar esta qualidade de movimento através da força muscular, ela somente se sustenta com a presença da força interna; desta forma, força interna e movimento se potencializam mutuamente.

Os chineses dizem que, se a força interna está presente no movimento de uma parte do corpo, significa que ela está presente no corpo todo.

"Se uma parte do corpo se move, todo o corpo se move.
Se uma parte do corpo está parada, todo o corpo está parado."
(Princípio das artes corporais chinesas)

[(1)] Tratado do *"Yi Jin Jing"* (transformação e restauração dos músculos e tendões), treinamento interno tradicional.
[(2)] Os chineses comparam a força interna com o potencial de um arco. Só se percebe a sua força ao puxá-lo para disparar a flecha em direção a um alvo.

5.4. Meridianos (Jing Luo)

"Caminhante, não há caminho
O caminho se faz ao andar."
(Miguel Hernandez, poeta espanhol)

經 絡

jing (linhas de um tecido)	luo (fios que conectam)

O conhecimento sobre os meridianos foi obtido pelos sábios iluminados da China antiga. Através da contemplação minuciosa dos sinais existentes no céu, na terra, na natureza e em si mesmos, obtiveram a percepção do ser humano como um todo integrado, unido à natureza e ao universo. Vislumbraram o espaço-tempo como um *continuum* tecido por infinitos fios, os quais se entrelaçam em tramas e urdiduras, por onde flui o *qi* (sopro vital), enredando a miríade de coisas do universo. Desta infinita e vasta rede que permeia o universo, a medicina tradicional chinesa destaca um sistema que corre pelo nosso corpo e a ele deu o nome de *sistema de meridianos (jing luo)*. São 8 *meridianos extraordinários* que regulam os 12 *meridianos principais* dos quais se ramificam meridianos menores e mais finos chamados de *colaterais*. Esse sistema constitui os caminhos por onde fluem o *qi* e o sangue, e através dos quais se conectam todas as partes do corpo: os 5 órgãos, as 6 vísceras, os 5 tecidos, os 5 órgãos dos sentidos, as 9 aberturas, os ossos e os membros [(1)]. Os meridianos somente se concretizam quando o *qi* flui por eles. Portanto na dissecação de um cadáver não os encontramos, pois sem vida o qi não flui e sem fluência do qi não há meridianos.

Os 8 meridianos extraordinários - Regulam o *qi* e o sangue nos 12 *meridianos principais*. Quando o *qi* e o sangue estão em excesso nos 12 *meridianos principais*, fluem para os 8 *meridianos extraordinários* e ali são armazenados. Quando há carência de *qi*, os 12 meridianos principais são recarregados pelos 8 *meridianos extraordinários*. Este sistema é formado por:

- *vaso concepção, vaso governador;*
- *vaso estratégico, vaso da cintura, vaso mobilidade do yin, vaso mobilidade do yang;*
- *vaso regulador do yin, vaso regulador do yang*

Os 12 meridianos principais - Estão simetricamente distribuídos em ambos os lados do corpo. Cada *meridiano* pertence a um órgão *(yin)* ou uma víscera *(yang)* e correm respectivamente pelo lado interno e externo dos membros superiores e inferiores. São compostos por:

- Três *meridianos yin* das mãos: *meridiano* do pulmão, *meridiano* do pericárdio e *meridiano* do coração.
- Três *meridianos yang* das mãos: *meridiano* do intestino grosso, *meridiano* do triplo aquecedor e *meridiano* do intestino delgado.
- Três *meridianos* yin dos pés: *meridiano* do baço, *meridiano* do fígado e *meridiano* dos rins.
- Três *meridianos* yang dos pés: *meridiano* do estômago, *meridiano* da vesícula e *meridiano* da bexiga.

A direção e conexão dos 12 *meridianos principais* na superfície do corpo obedece à seguinte regra:

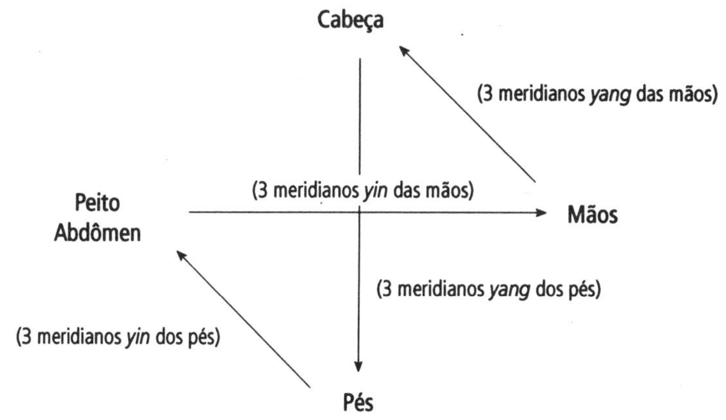

- os 3 *meridianos yin* das mãos correm da cavidade torácica para os dedos das mãos, onde se ligam com
- os 3 *meridianos yang* das mãos que correm dos dedos das mãos para a cabeça, onde se ligam com

- os 3 *meridianos yang* dos pés que correm da cabeça e face para os dedos dos pés, onde se ligam com
- os 3 *meridianos yin* dos pés que correm dos dedos dos pés para a cavidade abdominal e torácica,

onde se encontram com o 3 meridianos *yin* das mãos, completando o ciclo.

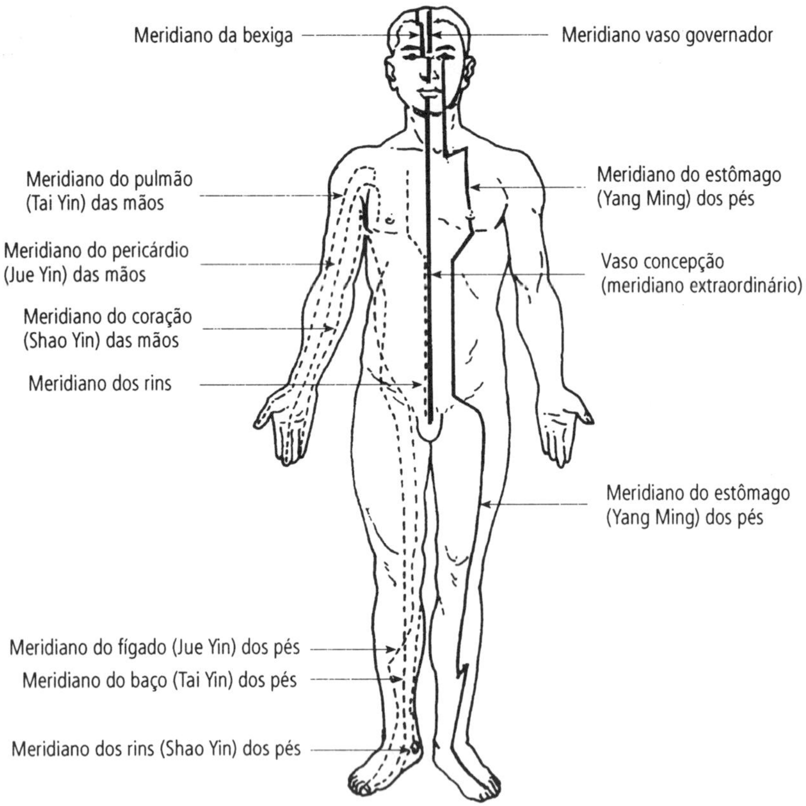

A distribuição dos 12 meridianos na superfície do corpo (isto é, nas extremidades inferiores e superiores) segue a seguinte regra:

- os *meridianos yin* são distribuídos na lateral interna e os *meridianos yang* na lateral externa.
- na cabeça e face, correm somente *meridianos yang*.
- no tronco, os 3 *meridianos yang* das mãos correm na região escapular.

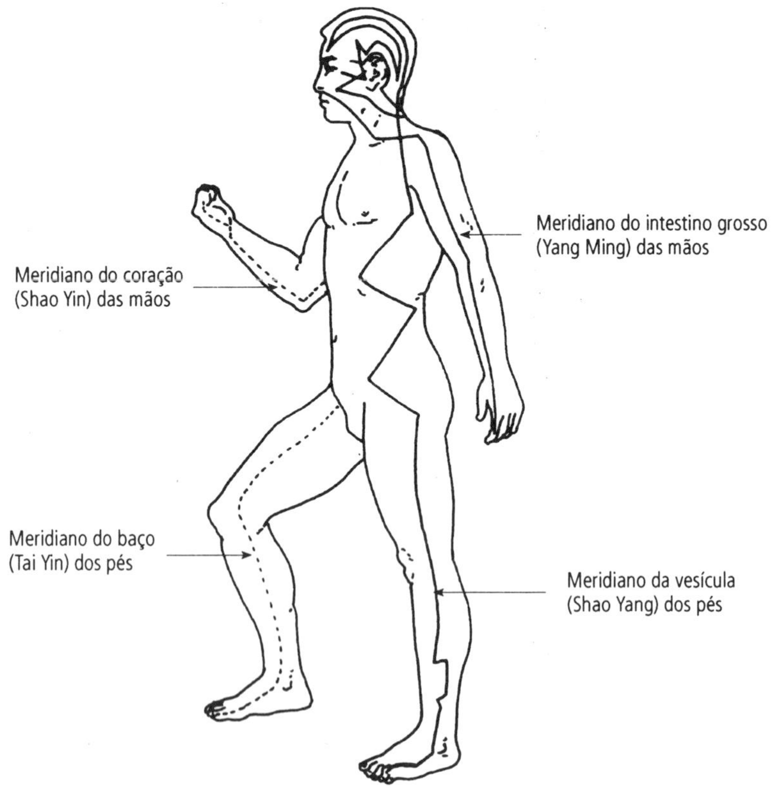

- dos 3 *meridianos yang* dos pés, um corre anteriormente (peito e abdômen), outro posteriormente (nas costas) e outro lateralmente.
- os 3 *meridianos yin* das mãos emergem da área abaixo das axilas, enquanto os 3 *meridianos yin* dos pés correm através da superfície do abdômen.

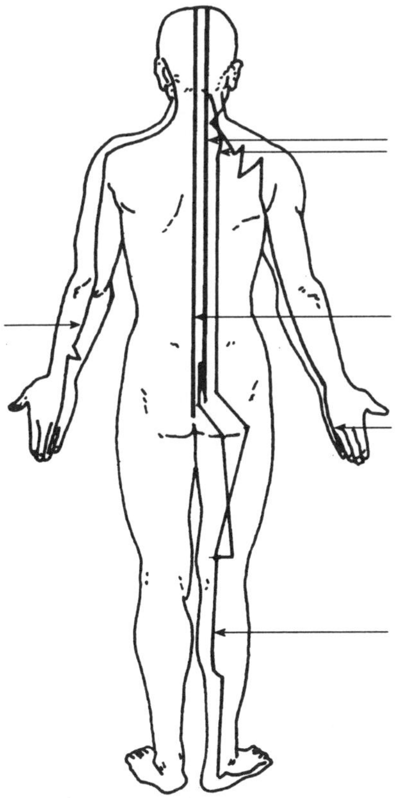

Os meridianos colaterais - Distinto dos *meridianos* que fluem longitudinalmente seguindo um trajeto, os *meridianos colaterais* correm transversalmente, se assemelhando a uma delicada rede cuja malha conecta *meridianos*, órgãos, vísceras, aberturas e tecidos moles.

O sistema de *meridianos colaterais* é composto por:

. **Ramificações dos 12 *meridianos*:** derivam dos 12 *meridianos principais* e pertencem a estes. Estreitam as relações entre os *meridianos yin e yang* correspondentes e chegam até os órgãos ou às partes do corpo onde os *meridianos principais* não alcançam.
. **15 meridianos colaterais maiores:** consistem nos colaterais de cada um dos 12 *meridianos principais* somados aos dos *meridianos extraordinários Ren* e *Du* e o *grande colateral* do baço/pâncreas. Conectam os 2 *meridianos yin-yang* relacionados, na superfície do corpo.
. ***Meridianos* músculo-tendinosos:** sistema que se conecta com os tendões, músculos, articulações. Ligam as 4 extremidades, tecidos e órgãos, e controlam o movimento das articulações.
. ***Meridianos colaterais minúsculos.***
. ***Meridianos colaterais flutuantes*** na superfície do corpo.
. **Áreas cutâneas dos 12 *meridianos*:** locais onde as atividades funcionais dos 12 meridianos principais são refletidas na superfície do corpo.

(1) 5 órgãos: coração, fígado, baço, pulmões e rins.

6 vísceras: vesícula biliar, estômago, intestino delgado, intestino grosso, bexiga e triplo aquecedor.

5 tecidos: tendões, veias, músculos, pele e pêlos.

5 órgãos dos sentidos: olhos, ouvidos, nariz, língua e boca.

9 aberturas: olhos, ouvidos, narinas, meato urinário e ânus.

Leia também:

LIAN GONG SHI BA FA
(Lian Gong em 18 Terapias)

Ginástica Terapêutica e Preventiva

Dr. Zhuang Yuan Ming

Zhuang Yuan Ming nasceu em 1919 na cidade de Shanghai. Quando jovem, foi discípulo do famoso mestre de artes marciais e ortopedista Wang Zi Ping, especializando-se nas técnicas de tratamento de traumatismos e adquirindo profundos conhecimentos de todas as manobras de Tui-ná, desenvolvendo uma técnica própria de aplicação de Tui-ná em ortopedia. O Dr. Zhuang Yuan Ming é considerado um dos cem maiores ortopedistas da medicina tradicional chinesa dos nossos tempos. Após acumular décadas de experiência clínica e vasta pesquisa na área, ele uniu seus conhecimentos médicos à essência das artes marciais chinesas, criando com isso o Lian Gong em 18 Terapias. O Dr. Zhuang recebeu vários prêmios por resultados relevantes em pesquisas científicas oferecidos pelo governo da cidade de Shanghai, devido aos excelentes resultados terapêuticos e preventivos obtidos com a prática dessa ginástica, hoje adotada por cerca de um milhão de pessoas no mundo. Nos últimos anos, a técnica criada pelo Dr. Zhuang tem despertado grande interesse em outros países, inclusive no Brasil, onde vem sendo aplicada com grande sucesso.

O livro é acompanhado de um CD, com exercícios para pescoço e ombros, costas e região lombar, glúteos e pernas (Parte 1), e exercícios para articulação, tenossinovites e disfunções dos órgãos internos (Parte 2).

Leia também:

LIAN GONG SHI BA FA XU JI

I QI GONG (continuação do Lian Gong)

Cultivo e Beneficiamento do Qi (sopro vital)
18 exercícios que fortalecem as funções do Coração e dos Pulmões

Dr. Zhuang Yuan Ming

O I Qi Gong, continuação do Lian Gong em 18 Terapias, é composto de 18 exercícios terapêuticos que previnem e tratam a bronquite crônica e a debilidade funcional do coração e dos pulmões, bem como outras doenças crônicas.

Graças à sua objetividade, natureza científica e simplicidade, essa técnica terapêutica, lançada em 1975 pelo Dr. Zhuang Yuan Ming, foi muito bem aceita pelos pacientes e praticantes do Lian Gong em 18 Terapias, tema de outro livro do Dr. Zhuang – *Lian Gong Shi Ba Fa* – publicado pela Editora Pensamento.

Os exercícios vêm acompanhados de fotos que mostram os requisitos básicos para a sua prática, e de desenhos que ilustram sua atuação terapêutica, possibilitando a obtenção de resultados positivos na prevenção e no tratamento das doenças. Além disso, o livro é acompanhado de um CD com os exercícios que fortalecem as funções do coração e dos pulmões.

Esta obra, redigida e organizada pelo Dr. Zhuang e seu filho, o Sr. Zhuang Jian Shen – que é quem posa para as fotos – é indispensável para as pessoas que buscam saúde, longevidade, prevenção e tratamento de doenças. Seu objetivo é melhorar a qualidade de vida das pessoas e contribuir com informações seguras para quem trabalha profissionalmente com exercícios terapêuticos.

Com várias edições esgotadas e traduzido para várias línguas, *Lian Gong Shi Ba Fa Xu Ji* é um dos livros mais vendidos da atualidade no campo de exercícios físicos integrados à terapia.